KB117414

일본 여행 준비 D-100 프로젝트

여행일본어 100일의 기적

여행일본어 100일의 기적

지은이 황미진
펴낸이 임상진
펴낸곳 (주)넥서스

초판 1쇄 발행 2017년 11월 15일
초판 12쇄 발행 2019년 12월 16일

2판 1쇄 발행 2023년 3월 25일
2판 6쇄 발행 2024년 4월 19일

출판신고 1992년 4월 3일 제311-2002-2호
주소 10880 경기도 파주시 지목로 5
전화 (02)330-5500 팩스 (02)330-5555

ISBN 979-11-6683-433-2 13730

www.nexusbook.com

일본 여행 준비 D-100 프로젝트

여행일본어 100일의 기적

황미진 지음

나 ______________ 는
여행일본어 100일의 기적으로
100일 뒤 반드시
일본어 초보를 탈출할 것이다.

머리말

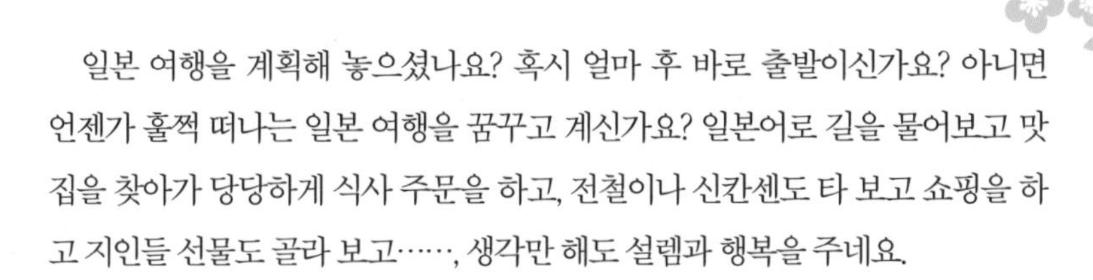

일본 여행을 계획해 놓으셨나요? 혹시 얼마 후 바로 출발이신가요? 아니면 언젠가 훌쩍 떠나는 일본 여행을 꿈꾸고 계신가요? 일본어로 길을 물어보고 맛집을 찾아가 당당하게 식사 주문을 하고, 전철이나 신칸센도 타 보고 쇼핑을 하고 지인들 선물도 골라 보고……, 생각만 해도 설렘과 행복을 주네요.

'외국어에 왕도는 없다', '무조건 외워라', '책 한 권만 외워 봐라' 많이 들어 보셨을 겁니다. 처음부터 어렵게 접근하지 마시고 나랑 맞는 느낌 좋은 책을 옆에 두고 관심을 가져 보세요. 일본어로 대화를 나누고 여행이나 출장으로 일본에 나가서도 큰 어려움 없이 자유롭게 소통하기 위한 목적이라면, 이 한 권이면 충분하다고 생각합니다. 늘 제자리인 것 같은 내 일본어 실력에 속상해 하거나 포기하지 마세요. 오랫동안 즐기면서 잘할 수 있다고 생각하시면 언젠가는 그런 날이 옵니다.

이 책은 일본어를 처음 접하거나 조금 할 줄 아는 초보자 분들을 위한 여행서로, 출국부터 귀국까지 여행의 동선을 따라 쓸 수 있는 표현들을 망라해 놓았습니다. 그리고 각 상황에서 필수적으로 쓰이는 단어들만 키워드로 뽑아서 정리해 놓았기 때문에 문장을 어떻게 만들까 고민 없이 쉽게 사용할 수 있습니다. 또한 일본어를 한 마디도 하지 못하는 분들이 그 자리에서 바로 찾아 자연스럽게 말할 수 있도록 한글 문장 중심으로 일본어 발음을 한글로 표기해 두었습니다.

'아무리 좋은 책도 내가 소화하고 활용하지 않으면 그냥 종이에 불과하다'는 마음으로 오늘부터 100일간 책 안의 표현들을 머릿속에 떠올리며 하루하루 작은 성취감과 함께 시작하셨으면 좋겠습니다. 처음 이 책을 잡은 설렘과 약간의 긴장감이 책 속의 간단한 몇 마디 회화를 익혀 나가시면서 실력이 다져지고, 이후에 일본 여행에서 큰 행복감으로 되돌아오는 일들이 많아지기를 희망합니다.

저자 **황미진**

여행일본어 공부법

✲ 100가지 상황별 표현

여행을 준비하면서 또는 여행지에서 만날 수 있는 100가지 상황별 표현들을 익힙니다.
여행지의 상황을 머릿속으로 그려 보면서 하고 싶은 말들을 체크해 보세요.

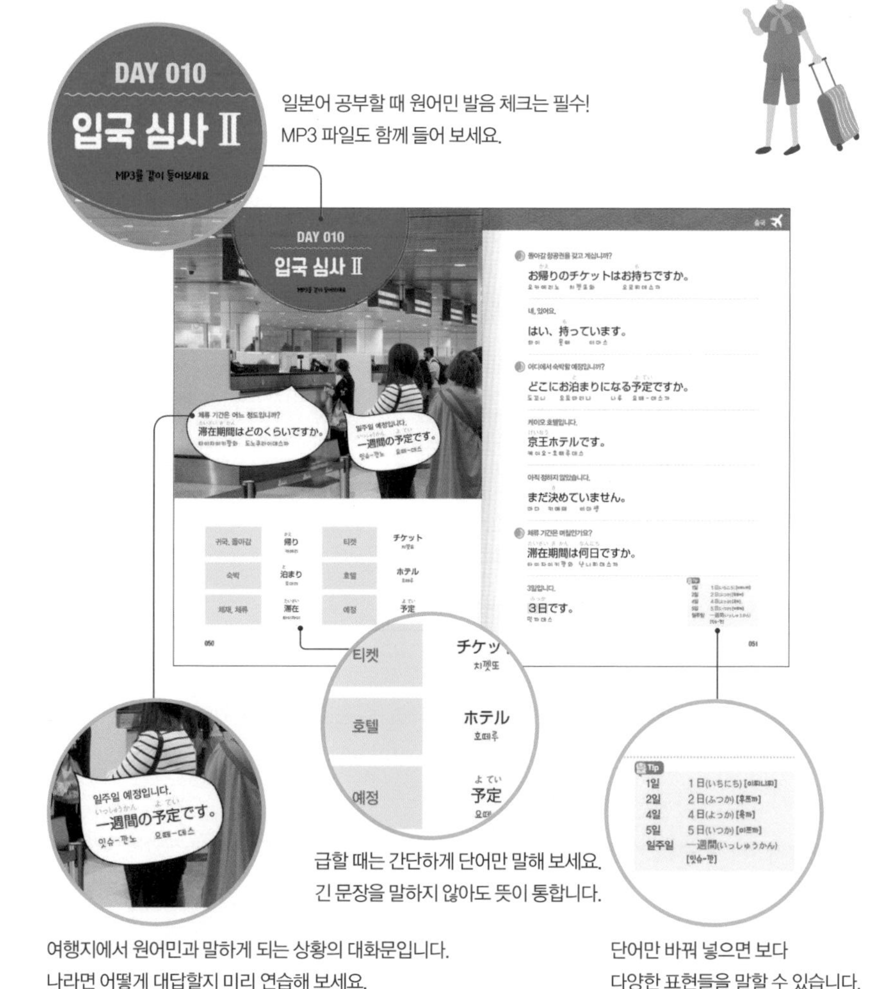

일본어 공부할 때 원어민 발음 체크는 필수!
MP3 파일도 함께 들어 보세요.

급할 때는 간단하게 단어만 말해 보세요.
긴 문장을 말하지 않아도 뜻이 통합니다.

여행지에서 원어민과 말하게 되는 상황의 대화문입니다.
나라면 어떻게 대답할지 미리 연습해 보세요.

단어만 바꿔 넣으면 보다
다양한 표현들을 말할 수 있습니다.

✲ 여행 일본어 필수 표현

이 책의 앞부분에는 여행에서 꼭 필요한 필수 표현들을 별도로 정리해 두었습니다.
간단하면서도 여러 상황에 두루 쓸 수 있는 만능 표현들이니 여기 필수 표현만큼은 꼭~ 외워 주세요.

감사합니다.
ありがとうございます。

미안해요.
ごめんなさい。

저기요.
あのう、すみません。

네, 부탁해요.
はい、お願いします。

아니요, 괜찮아요.
いいえ、けっこうです。

잘 모르겠어요.
よく分かりません。

018

일본어는 전혀 못해요.
日本語はぜんぜんできません。

네? 뭐라고요?
はい？ 何と言いましたか。

좀 더 천천히 말씀해 주세요.
もう少しゆっくり話してください。

얼마예요?
いくらですか。

그냥 둘러보는 중이에요.
見ているだけです。

할인해 주세요.
安くしてください。

019

일본어 숫자 읽기

숫자 1~10

1	2	3	4	5
いち 이찌	に 니	さん 상	し / よん 시 / 욘	ご 고
6	**7**	**8**	**9**	**10**
ろく 로꾸	しち / なな 시찌 / 나나	はち 하찌	きゅう / く 큐- / 쿠	じゅう 쥬-

※ 4, 7, 9는 읽는 방법이 두 가지이니 주의하세요.

10단위 숫자

10	20	30	40	50
じゅう 쥬-	にじゅう 니쥬-	さんじゅう 산쥬-	よんじゅう 욘쥬-	ごじゅう 고쥬-
60	**70**	**80**	**90**	**몇 십**
ろくじゅう 로꾸쥬-	しちじゅう / ななじゅう 시찌쥬- / 나나쥬-	はちじゅう 하찌쥬-	きゅうじゅう 큐-쥬-	なんじゅう 난쥬-

100단위 숫자

100	200	300	400	500
ひゃく 햐꾸	にひゃく 니햐꾸	さんびゃく 삼뱌꾸	よんひゃく 욘햐꾸	ごひゃく 고햐꾸
600	**700**	**800**	**900**	**몇 백**
ろっぴゃく 롭뺘꾸	ななひゃく 나나햐꾸	はっぴゃく 합뺘꾸	きゅうひゃく 큐-햐꾸	なんびゃく 남뱌꾸

※ 300, 600, 800의 읽는 방법에 주의하세요.

024

1,000단위 숫자

1,000	2,000	3,000	4,000	5,000
せん 센	にせん 니센	さんぜん 산젠	よんせん 욘센	ごせん 고센
6,000	**7,000**	**8,000**	**9,000**	**몇 천**
ろくせん 록센	ななせん 나나센	はっせん 핫센	きゅうせん 큐-센	なんぜん 난젠

10,000단위 숫자

10,000	20,000	30,000	40,000	50,000
いちまん 이찌망	にまん 니망	さんまん 삼망	よんまん 욤망	ごまん 고망
60,000	**70,000**	**80,000**	**90,000**	**100,000**
ろくまん 로꾸망	ななまん 나나망	はちまん 하찌망	きゅうまん 큐-망	じゅうまん 쥬-망

025

✲ 여행 도우미 꿀팁 Tips

여행에 도움을 주는 유용한 정보와 표현들도 확인해 보세요.

길 묻기 필수 단어

バス停 버스 정류장
駅 역
乗り換え 환승
となり 옆
後ろ 뒤
前 앞
向かい側 맞은편
反対側 반대쪽
右 오른쪽
左 왼쪽
交差点 사거리
信号 신호등

104

도로표지판 익히기

横断禁止 횡단 금지
止まれ 멈춤
徐行 서행
通行止 통행 금지
進入禁止 진입 금지
駐車禁止 주차 금지
歩行者専用 보행자 전용
一方通行 일방통행

105

- 기내 음료 고르기
- 입국신고서 작성 방법
- 일본의 통화
- 기내 안내 방송
- 길 묻기 필수 단어
- 도로표지판 익히기
- 날짜 말하기
- 시간 말하기
- 객실 안에 있는 물품
- 일본 음식 메뉴판
- 초밥 메뉴판
- 이자카야 메뉴판

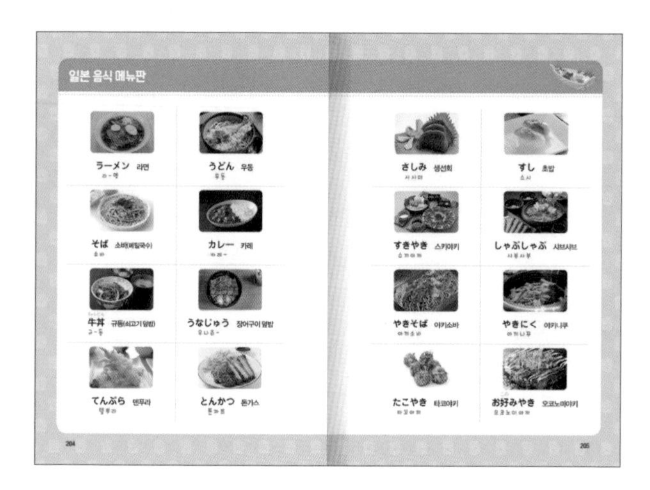

일본 음식 메뉴판

ラーメン 라멘
うどん 우동
そば 소바(메밀국수)
カレー 카레
牛丼 규동(쇠고기 덮밥)
うなじゅう 장어구이 덮밥
てんぷら 덴푸라
とんかつ 돈가스

204

さしみ 생선회
すし 초밥
すきやき 스키야키
しゃぶしゃぶ 샤브샤브
やきそば 야키소바
やきにく 야키니쿠
たこやき 타코야키
お好みやき 오코노미야키

205

넥서스 홈페이지 이용

PC로 www.nexusbook.com에 접속하면
MP3 음원을 바로 듣거나 압축된 파일을 한 번에 다운받을 수 있습니다.

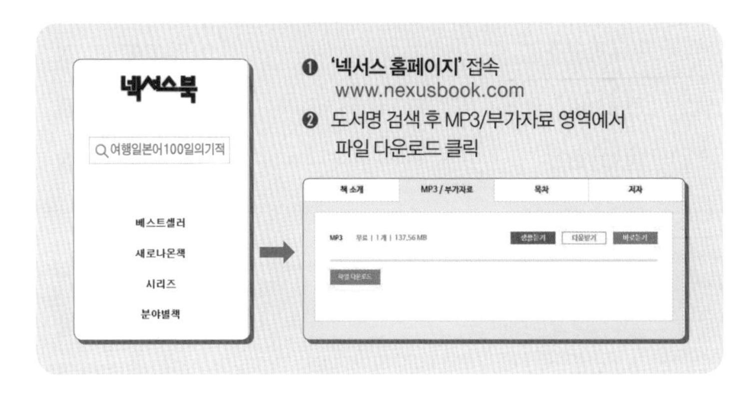

QR코드 이용

스마트폰에서 QR코드 리더기로 아래 QR코드를 인식하면
MP3 음원을 바로 들을 수 있습니다.

여행 일본어 D-100 체크 리스트

HOTEL

CANDY SHOP
BAKERY
MARKET

夏祭り

CALL

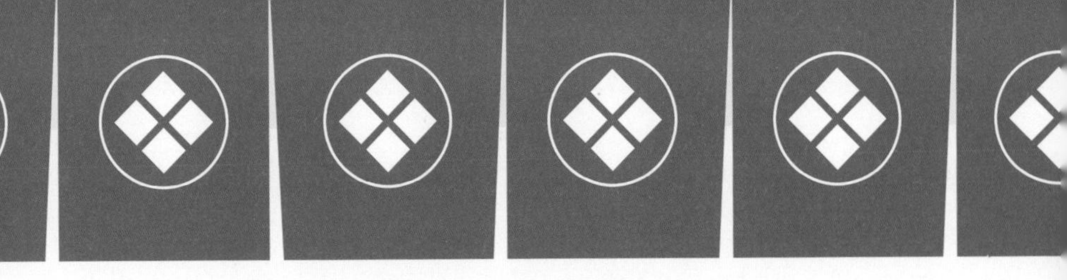

❀ 이것만은 외워놓고 출발하자 ❀

여행 일본어 필수 표현 35

감사합니다.

ありがとうございます。

아 리 가 또 -　　고 자 이 마 스

미안해요.

ごめんなさい。

고 멘 나 사 이

저기요.

あのう、すみません。

아 노 -　　스 미 마 셍

네, 부탁해요.

はい、お願(ねが)いします。

하 이　　오 네 가 이 시 마 스

아니요, 괜찮아요.

いいえ、けっこうです。

이 - 에　　켁 꼬 - 데 스

잘 모르겠어요.

よく分(わ)かりません。

요 꾸　　와 까 리 마 셍

일본어는 전혀 못해요.

日本語(にほんご)はぜんぜんできません。

니홍고와 젠젠 데끼마셍

네? 뭐라고요?

はい？ 何(なん)と言(い)いましたか。

하이? 난또 이-마시따까

좀 더 천천히 말씀해 주세요.

もう少(すこ)しゆっくり話(はな)してください。

모-스꼬시 육꾸리 하나시떼 쿠다사이

얼마예요?

いくらですか。

이꾸라데스까

그냥 둘러보는 중이에요.

見(み)ているだけです。

미떼 이루 다께데스

할인해 주세요.

安(やす)くしてください。

야스꾸 시떼 쿠다사이

입어 봐도 돼요?

着(き)てみてもいいですか。

키떼 미떼모 이-데스까

이거 주세요.

これください。

코레 쿠다사이

환불하고 싶어요.

返金(へんきん)したいんですが。

헹낑시따인데스가

포장해 주시겠어요?

包装(ほうそう)してもらえますか。

호-소-시떼 모라에마스까

거기에 어떻게 가요?

あそこにどうやって行(い)きますか。

아소꼬니 도-얏떼 이끼마스까

얼마나 걸려요?

どのくらいかかりますか。

도노쿠라이 카까리마스까

여기에서 멀어요?

とお

ここから遠いですか。

코꼬까라 토-이데스까

가장 가까운 역은 어디예요?

もよ　えき

最寄りの駅はどこですか。

모요리노 에끼와 도꼬데스까

어디에서 갈아타요?

の　か

どこで乗り換えますか。

도꼬데 노리카에마스까

택시를 불러 주세요.

よ

タクシーを呼んでください

탁시-오 욘데 쿠다사이

신주쿠 호텔로 가 주세요.

しんじゅく　ねが

新宿ホテルまでお願いします。

신쥬꾸호떼루마데 오네가이시마스

지금 여기가 어디예요?

いま

今、ここはどこですか。

이마 코꼬와 도꼬데스까

예약했는데요.

予約（よやく）したんですが。

요 야 꾸 시 딴 데 스 가

사진을 찍어 주시겠어요?

写真（しゃしん）を撮（と）ってもらえますか。

샤 싱 오 　 톳 떼 　 모 라 에 마 스 까

화장실이 어디예요?

トイレはどこですか。

토 이 레 와 　 도 꼬 데 스 까

이걸로 할게요.

これにします。

코 레 니 　 시 마 스

어떤 투어가 있나요?

どんなツアーがありますか。

돈 나 　 쯔 아 - 가 　 아 리 마 스 까

계산서 주세요.

お勘定（かんじょう）、お願（ねが）いします。

오 칸 죠 - 　 오 네 가 이 시 마 스

편의점은 어디에 있어요?

コンビニはどこにありますか。

콤 비 니 와 도 꼬 니 아 리 마 스 까

인터넷은 할 수 있어요?

インターネットは使(つか)えますか。

인 따 - 넷 또 와 쯔 까 에 마 스 까

두 사람인데 자리 있어요?

二人(ふたり)の席(せき)、空(あ)いていますか。

후 따 리 노 세 끼 아 이 떼 이 마 스 까

얼마나 기다려야 해요?

どのくらい待(ま)ちますか。

도 노 쿠 라 이 마 찌 마 스 까

추천 메뉴는 뭐예요?

おすすめは何(なん)ですか。

오 스 스 메 와 난 데 스 까

일본어 숫자 읽기

숫자 1~10

1	2	3	4	5
いち 이찌	に 니	さん 상	し / よん 시 / 욘	ご 고
6	**7**	**8**	**9**	**10**
ろく 로꾸	しち / なな 시찌 / 나나	はち 하찌	きゅう / く 큐- / 쿠	じゅう 쥬-

※ 4, 7, 9는 읽는 방법이 두 가지이니 주의하세요.

10단위 숫자

10	20	30	40	50
じゅう 쥬-	にじゅう 니쥬-	さんじゅう 산쥬-	よんじゅう 욘쥬-	ごじゅう 고쥬-
60	**70**	**80**	**90**	**몇 십**
ろくじゅう 로꾸쥬-	しちじゅう / ななじゅう 시찌쥬- / 나나쥬-	はちじゅう 하찌쥬-	きゅうじゅう 큐-쥬-	なんじゅう 난쥬-

100단위 숫자

100	200	300	400	500
ひゃく 햐꾸	にひゃく 니햐꾸	さんびゃく 삼뱌꾸	よんひゃく 욘햐꾸	ごひゃく 고햐꾸
600	**700**	**800**	**900**	**몇 백**
ろっぴゃく 롭뺘꾸	ななひゃく 나나햐꾸	はっぴゃく 합뺘꾸	きゅうひゃく 큐-햐꾸	なんびゃく 남뱌꾸

※ 300, 600, 800의 읽는 방법에 주의하세요.

1,000단위 숫자

1,000	2,000	3,000	4,000	5,000
せん 센	にせん 니센	さんぜん 산젠	よんせん 욘센	ごせん 고센
6,000	**7,000**	**8,000**	**9,000**	**몇 천**
ろくせん 록센	ななせん 나나센	はっせん 핫센	きゅうせん 큐-센	なんぜん 난젠

10,000단위 숫자

10,000	20,000	30,000	40,000	50,000
いちまん 이찌만	にまん 니만	さんまん 삼만	よんまん 욤만	ごまん 고만
60,000	**70,000**	**80,000**	**90,000**	**100,000**
ろくまん 로꾸만	ななまん 나나만	はちまん 하찌만	きゅうまん 큐-만	じゅうまん 쥬-만

PART 1

출국 준비하기

여권	パスポート 파스뽀-또	탑승권	とうじょうけん 搭乗券 토-죠-껭
수속	てつづ 手続き 테쯔즈끼	게이트	ゲート 게-또
짐	にもつ 荷物 니모쯔	초과 요금	ちょうかりょうきん 超過料金 쵸-까료-낑

짐은 이게 다입니까?

お荷物(にもつ)はこれだけですか。

오니모쯔와 코레다께데스까

네, 모두 두 개입니다.

はい、全部(ぜんぶ)でふたつです。

하이 젬부데 후따쯔데스

기내에 가져가는 짐은 몇 킬로까지 가능한가요?

機内(きない)に持(も)ち込(こ)む荷物(にもつ)は、何(なん)キロまで可能(かのう)ですか。

키나이니 모찌코무 니모쯔와 난키로마데 카노-데스까

10킬로까지입니다.

10(じゅっ)キロまでです。

쥿키로마데데스

10번 게이트는 어느 쪽입니까?

10番(じゅうばん)ゲートはどちらですか。

쥬-방게-또와 도찌라데스까

탑승권을 보여 주세요.

搭乗券(とうじょうけん)を見(み)せてください。

토-죠-껭오 미세떼 쿠다사이

DAY 002

기내 착석 준비

MP3를 같이 들어보세요

좌석 번호	ざせきばんごう 座席番号 자세끼방고-	안전벨트	シートベルト 시-또베르또
자리	せき 席 세끼	창가	まどがわ 窓側 마도가와
선반	たな 棚 타나	테이블	テーブル 테-부르

실례합니다. 잠깐 지나가겠습니다.

すみません。ちょっと通(とお)してください。

스미마셍　쫏또　토-시떼　쿠다사이

이 가방이 선반에 안 들어가요.

このかばん、荷物棚(にもつだな)に入(はい)りません。

코노　카방　니모쯔다나니　하이리마셍

여기에 짐을 두어도 괜찮습니까?

ここに荷物(にもつ)を置(お)いてもいいですか。

코꼬니　니모쯔오　오이떼모　이-데스까

자리 좀 바꿔 주실래요?

ちょっと席(せき)を変(か)えていただけませんか。

쫏또　세끼오　카에떼　이따다께마셍까

좌석벨트를 착용해 주십시오.

シートベルトをお締(し)めください。

시-또베르또오　오시메　쿠다사이

좌석 등받이를 원위치로 해 주세요.

座席(ざせき)の背(せ)もたれをもとの位置(いち)にお願(ねが)いします。

자세끼노　세모따레오　모또노　이찌니　오네가이시마스

테이블을 원위치로 되돌려 주세요.

テーブルをもとの位置(いち)にお戻(もど)しください。

테-부르오　모또노　이찌니　오모도시　쿠다사이

담요	もうふ 毛布 모-후	베개	まくら 枕 마꾸라
헤드폰	ヘッドホン 헷도혼	신문	しんぶん 新聞 심붕
잡지	ざっし 雑誌 잣시	펜	ペン 펭

베개와 담요를 주세요.

まくら　もうふ
枕と毛布をください。
마꾸라또 모-후오 쿠다사이

담요를 하나 더 주세요.

もうふ　ねが
毛布をもうひとつお願いします。
모-후오 모-히또쯔 오네가이시마스

한국어 신문 있나요?

かんこくご　しんぶん
韓国語の新聞はありますか。
캉꼬꾸고노 심붕와 아리마스까

잡지 주시겠어요?

ざっし
雑誌、もらえますか。
잣시 모라에마스까

헤드폰 상태가 안 좋아요.

ちょうし　わる
ヘッドホンの調子が悪いです。
헷도혼노 쵸-시가 와루이데스

펜 좀 빌릴 수 있을까요?

か
ペンを貸してもらえますか。
펭오 카시떼 모라에마스까

종이와 볼펜을 좀 빌릴 수 있나요?

かみ　か
紙とボールペンを貸してもらえますか。
카미또 보-루펭오 카시떼 모라에마스까

기내식	機内食(きないしょく) 키나이쇼꾸	소고기	牛肉(ぎゅうにく) 규-니꾸
돼지고기	豚肉(ぶたにく) 부따니꾸	닭고기	鶏肉(とりにく) 토리니꾸
생선	魚(さかな) 사까나	키즈밀	チャイルドミール 챠이르도미-루

기내식은 무엇으로 드릴까요?

機内食は何になさいますか。
키나이쇼꾸와 나니니 나사이마스까

생선 요리와 소고기 요리가 준비되어 있습니다.

魚料理と牛肉料理をご用意しております。
사까나료-리또 규-니꾸료-리오 고요-이시떼 오리마스

식사는 필요 없어요.

食事は要りません。
쇼꾸지와 이리마셍

키즈밀 신청했는데요.

チャイルドミールを申し込んだんですが。
챠이르도미-루오 모-시콘단데스가

식사 다 하셨습니까?

食事はお済みですか。
쇼꾸지와 오스미데스까

아직이요.

まだです。
마다데스

이것을 치워 주세요.

これを片付けてください
코레오 카따즈께떼 쿠다사이

차	ちゃ お茶 오챠	물	みず お水 오미즈
따뜻한 물	ゆ お湯 오유	술	さけ お酒 오사께
설탕	さとう 砂糖 사또-	한 잔 더	おかわり 오카와리

음료는 뭘로 드릴까요?

の　もの　なに
お飲み物は何になさいますか。
오노미모노와 나니니 나사이마스까

무슨 음료를 마시시겠어요?

なに　の
何をお飲みになりますか。
나니오 오노미니 나리마스까

어떤 음료가 있나요?

の　もの
どんな飲み物がありますか。
돈나 노미모노가 아리마스까

물 좀 주세요.

みず　ねが
お水をお願いします。
오미즈오 오네가이시마스

물 좀 더 주세요.

みず
お水をもっともらえますか。
오미즈오 못또 모라에마스까

따뜻한 물을 마시고 싶은데요.

ゆ　の
お湯が飲みたいんですが。
오유가 노미따인데스가

커피 주세요.

ねが
コーヒーをお願いします。
코-히-오 오네가이시마스

커피 한 잔 더 주시겠어요?

コーヒーのおかわり、もらえますか。

코 - 히 - 노 오 카 와 리 모 라 에 마 스 까

크림과 설탕을 주세요.

クリームと砂糖(さとう)をください。

크 리 - 무 또 사 또 - 오 쿠 다 사 이

차 드릴까요?

お茶(ちゃ)、いかがですか。

오 챠 이 까 가 데 스 까

술은 있습니까?

お酒(さけ)はありますか。

오 사 께 와 아 리 마 스 까

맥주 주세요.

ビールをお願(ねが)いします。

비 - 루 오 오 네 가 이 시 마 스

샴페인이나 와인은 없나요?

シャンパンかワインはありませんか。

샴 빵 까 와 잉 와 아 리 마 셍 까

기내 음료 고르기

コーヒー 커피
코-히-

りょくちゃ
緑茶 녹차
료꾸쨔

こうちゃ
紅茶 홍차
코-챠

コーラ 콜라
코-라

サイダー 사이다
사이다-

オレンジジュース
오렌지쥬-스
오렌지주스

ビール 맥주
비-루

ワイン 와인
와잉

좌석	シート 시-또	출발	出発 (しゅっぱつ) 슙빠쯔
도착	到着 (とうちゃく) 토-챠꾸	지연	遅れ (おく) 오꾸레
화장실	トイレ 토이레	전등	電灯 (でんとう) 덴또-

좌석을 뒤로 젖혀도 될까요?

シートを後(うし)ろに倒(たお)してもいいですか。

시-또오 우시로니 타오시떼모 이-데스까

이 벨트는 어떻게 매나요?

このベルトはどうやって締(し)めるんですか。

코노 베르또와 도-얏떼 시메룬데스까

왜 출발이 늦는 거예요?

なぜ出発(しゅっぱつ)が遅(おく)れているんですか。

나제 슙빠쯔가 오꾸레떼 이룬데스까

이건 어떻게 쓰는 건가요?

これはどうやって使(つか)いますか。

코레와 도-얏떼 쯔까이마스까

화장실은 어딘가요?

トイレはどこですか。

토이레와 도꼬데스까

한국어 할 수 있는 사람 있나요?

韓国語(かんこくご)の話(はな)せる人(ひと)はいますか。

캉꼬꾸고노 하나세루 히또와 이마스까

지금 안내 방송에서 뭐라고 했나요?

今(いま)、アナウンスで何(なん)と言(い)いましたか。

이마 아나운스데 난또 이-마시따까

DAY 007

몸이 불편할 때

MP3를 같이 들어보세요

몸이 안 좋다	ぐあい わる 具合が悪い 구아이가 와루이	약	くすり 薬 쿠스리
두통약	ず つうやく 頭痛薬 즈쯔-야꾸	소화제	しょう か ざい 消化剤 쇼-까자이
멀미약	よ ど 酔い止め 요이도메	위생 주머니	ぶくろ はき袋 하끼부꾸로

좀 추운데요.

ちょっと寒(さむ)いんですが。

쫏또 사무인데스가

속이 조금 좋지 않아요.

少(すこ)し気分(きぶん)が悪(わる)いです。

스꼬시 키붕가 와루이데스

위생 주머니를 갖다 주시겠어요?

はき袋(ぶくろ)を持(も)ってきてくださいませんか。

하끼부꾸로오 못떼키떼 쿠다사이마셍까

약 좀 주시겠어요?

薬(くすり)をもらえますか。

쿠스리오 모라에마스까

두통약 좀 주시겠어요?

頭痛薬(ずつうやく)をもらえますか。

즈쯔-야꾸오 모라에마스까

소화제 있어요?

消化剤(しょうかざい)、ありますか。

쇼-까자이 아리마스까

멀미약을 주실 수 없나요?

酔(よ)い止(ど)めをもらえませんか。

요이도메오 모라에마셍까

DAY 008

신고서 작성하기

MP3를 같이 들어보세요

서류	しょるい 書類 쇼루이	볼펜	ボールペン 보-루펭
입국 카드	にゅうこく 入国カード 뉴-꼬꾸카-도	입국 신고서	にゅうこくしんこくしょ 入国申告書 뉴-꼬꾸신꼬꾸쇼
한 장 더	いちまい もう一枚 모-이찌마이	실수, 잘못 씀	まちが 間違い 마찌가이

이건 어떻게 작성해요?

これはどうやって書(か)きますか。

코레와 도-얏떼 카끼마스까

이 서류 쓰는 법을 가르쳐 주세요.

この書類(しょるい)の書(か)き方(かた)を教(おし)えてください。

코노 쇼루이노 카끼카따오 오시에떼 쿠다사이

펜 좀 빌려 주세요.

ペンを貸(か)してください。

펭오 카시떼 쿠다사이

여기에는 뭐라고 써야 하나요?

ここには、何(なん)と書(か)いたらいいですか。

코꼬니와 난또 카이따라 이-데스까

제 입국 카드 좀 봐 주시겠어요?

私(わたし)の入国(にゅうこく)カードを見(み)てもらえますか。

와따시노 뉴-꼬꾸카-도오 미떼 모라에마스까

잘못 썼어요.

間違(まちが)って書(か)きました。

마찌갓떼 카끼마시따

한 장 더 주세요.

もう一枚(いちまい)、お願(ねが)いします。

모-이찌마이 오네가이시마스

입국신고서 작성 방법

外国人入国記録 DISEMBARKATION CARD FOR FOREIGNER

英語又は日本語で記載して下さい。Enter information in either English or Japanese. [ARRIVAL]

氏名 Name	Family Name ❶ HWANG		Given Names ❷ MIZIN	
生年月日 Date of Birth	Day 日 Month 月 Year 年 ❸ 0 7 0 1 1 9 8 2	現住所 Home Address	国名 Country name ❹ KOREA	都市名 City name SEOUL
渡航目的 Purpose of visit	☑ 観光 Tourism ☐ 商用 Business ☐ 親族訪問 Visiting relatives ☐ その他 Others (❺)		航空機便名・船名 Last flight No. / Vessel	❻ KE0721
			日本滞在予定期間 Intended length of stay in Japan	❼ 3Days
日本の連絡先 Intended address in Japan	❽ SHINJUKU WASHINGTON HOTEL		TEL ❾ +81-3-1234-5678	

裏面の質問事項について，該 当するものに ☑ を記入して下さい。Check the boxes for the applicable answers to the questions on the back side.

1. 日本での退去強制歴・上陸拒否歴の有無 Any history of receiving a deportation order or refusal of entry into Japan	☐ はい Yes ☑ いいえ No
2. 有罪判決の有無（日本での判決に限らない） Any history of being convicted of a crime (not only in Japan)	☐ はい Yes ☑ いいえ No
3. 規制薬物・銃砲・刀剣 類・火薬類の所持 Possession of controlled substances, guns, bladed weapons, or gunpowder	☐ はい Yes ☑ いいえ No

以上の記載内容は事実と相違ありません。I hereby declare that the statement given above is true and accurate.

署名 Signatuer ❿ *HWANG MIZIN*

❶ 성 (영문)

❷ 이름 (영문)

❸ 생년월일

❹ 현주소 (나라명, 도시명)

❺ 도항목적

❻ 도착 항공기 편명 · 선명

❼ 일본 체재 예정 기간

❽ 일본의 연락처

❾ 전화번호

❿ 서명

DAY 009

입국 심사 I

MP3를 같이 들어보세요

처음	はじ 初めて 하지메떼	두 번째	に かい め 二回目 니까이메
일, 업무	し ごと 仕事 시고또	출장	しゅっちょう 出張 슛쵸-
관광	かんこう 観光 캉꼬-	유학	りゅうがく 留学 류-가꾸

여권을 보여 주세요.

パスポートを見(み)せてください。

파스뽀-또오 미세떼 쿠다사이

네, 여기요.

はい、どうぞ。

하이 도-조

일본은 처음이신가요?

日本(にほん)は初(はじ)めてですか。

니홍와 하지메떼데스까

네, 처음이에요.

はい、初(はじ)めてです。

하이 하지메떼데스

아니요, 두 번째예요.

いいえ、二回目(にかいめ)です。

이-에 니까이메데스

자주 와요.

よく来(き)ます。

요꾸 키마스

방문 목적은 무엇입니까?

ほうもん もくてき なん
訪問の目的は何ですか。
호-몽노 모꾸떼끼와 난데스까

업무차 왔어요.

しごと き
仕事で来ました。
시고또데 키마시따

출장 왔어요.

しゅっちょう き
出張で来ました。
슛쵸-데 키마시따

관광입니다.

かんこう
観光です。
캉꼬-데스

유학입니다.

りゅうがく
留学です。
류-가꾸데스

친구를 만나러 왔어요.

ともだち あ き
友達に会いに来ました。
토모다찌니 아이니 키마시따

DAY 010

입국 심사 Ⅱ

MP3를 같이 들어보세요

귀국, 돌아감	かえ 帰り 카에리	티켓	チケット 치껫또
숙박	と 泊まり 토마리	호텔	ホテル 호떼루
체재, 체류	たいざい 滞在 타이자이	예정	よてい 予定 요떼-

돌아갈 항공권을 갖고 계십니까?

かえ　　　　　　　　も
お帰りのチケットはお持ちですか。
오 카 에 리 노　치 껫 또 와　오 모 찌 데 스 까

네, 있어요.

も
はい、持っています。
하 이　못 떼　이 마 스

어디에서 숙박할 예정입니까?

と　　　　　よてい
どこにお泊まりになる予定ですか。
도 꼬 니　오 토 마 리 니　나 루　요 떼 - 데 스 까

케이오 호텔입니다.

けいおう
京王ホテルです。
케 이 오 - 호 떼 루 데 스

아직 정하지 않았습니다.

き
まだ決めていません。
마 다　키 메 떼　이 마 셍

체류 기간은 며칠인가요?

たいざい き かん　なんにち
滞在期間は何日ですか。
타 이 자 이 키 깡 와　난 니 찌 데 스 까

3일입니다.

みっか
3日です。
믹 까 데 스

Tip

1일	1日(いちにち) [이찌니찌]
2일	2日(ふつか) [후쯔까]
4일	4日(よっか) [욕까]
5일	5日(いつか) [이쯔까]
일주일	一週間(いっしゅうかん) [잇슈-깐]

DAY 011

수하물 찾기

MP3를 같이 들어보세요

카트	カート 카-또	수하물	てにもつ 手荷物 테니모쯔
없어요	ありません 아리마셍	깨지기 쉽다	こわ 壊れやすい 코와레야스이
주의	ちゅうい 注意 츄-이	(항공)편	びん 便 빙

카트는 어디에 있나요?

カートはどこにありますか。

카 - 또 와 도 꼬 니 아 리 마 스 까

짐이 안 나왔어요.

にもつ で

荷物が出てきませんでした。

니 모 쯔 가 데 떼 키 마 셍 데 시 따

제 짐은 여기에 없어요.

わたし にもつ

私の荷物はここにありません。

와따시노 니모쯔와 코 꼬 니 아 리 마 셍

어떤 항공편으로 오셨나요?

びん りよう

どの便を利用されましたか。

도 노 빙 오 리 요 - 사 레 마 시 따 까

깨지기 쉬운 물건이니까 주의해 주세요.

こわ もの ちゅうい

壊れやすい物だから、注意してください。

코 와 레 야 스 이 모 노 다 까 라 츄 - 이 시 떼 쿠 다 사 이

좀 도와주세요.

すこ てつだ

少し手伝ってください。

스 꼬 시 테 쯔 닷 떼 쿠 다 사 이

DAY 012

세관 검사

MP3를 같이 들어보세요

한국어	일본어	발음
신고	申告(しんこく)	싱꼬꾸
일용품	身の回り品(みのまわりひん)	미노마와리힝
선물	お土産(おみやげ)	오미야게
가방	バッグ	박그
세관 신고서	税関申告書(ぜいかんしんこくしょ)	제-깡싱꼬꾸쇼
세관 검사	税関検査(ぜいかんけんさ)	제-깡켄사

무엇이 들어 있나요?

なに　はい

何が入っていますか。

나 니 가 하 잇 떼 이 마 스 까

아무것도 없어요.

なに

何もありません。

나 니 모 아 리 마 셍

일용품만 있어요.

み　まわ　ひん

身の回り品だけです。

미 노 마 와 리 힝 다 께 데 스

이건 친구에게 줄 선물이에요.

ともだち　みやげ

これは、**友達へのお土産**です。

코 레 와 토 모 다 찌 에 노 오 미 야 게 데 스

Tip

김	のり [노리]
김치	キムチ [키무치]
고추장	コチュジャン [코츄쟝]
먹을 거리	食(た)べ物(もの) [타베모노]

신고하는 것은 이것뿐입니까?

しんこく

申告するものはこれだけですか。

싱 꼬 꾸 스 루 모 노 와 코 레 다 께 데 스 까

네, 그렇습니다.

はい、そうです。

하 이 소 - 데 스

가방을 열어 주세요.

あ

バッグを開けてください。

박 그 오 아 께 떼 쿠 다 사 이

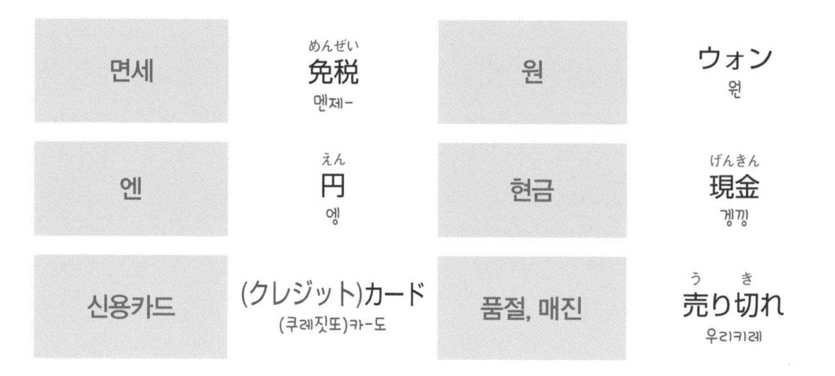

면세	めんぜい 免税 멘제-	원	ウォン 원
엔	えん 円 엥	현금	げんきん 現金 겡낑
신용카드	(クレジット)カード (쿠레짓또)카-도	품절, 매진	う き 売り切れ 우리키레

이걸 사고 싶은데요.

か
これを買いたいんですが。
코레오 카이따인데스가

이것을 두 개 주세요.

これをふたつください。
코레오 후따쯔 쿠다사이

죄송합니다만, 품절입니다.

もう わけ うき
申し訳ございませんが、売り切れです。
모-시와께 고자이마셍가 우리키레데스

원화로 지불할 수 있나요?

はら
ウォンで払えますか。
원데 하라에마스까

원으로 하면 얼마예요?

ウォンでいくらですか。
원데 이꾸라데스까

이 카드로 계산할 수 있어요?

つか
このカードは使えますか。
코노 카-도와 쯔까에마스까

우선 이 현금으로 하고, 나머지는 카드로 해 주세요.

げんきん のこ ねが
まずこの現金で、残りはカードでお願いします。
마즈 코노 겡낑데 노꼬리와 카-도데 오네가이시마스

DAY 014

환전하기

MP3를 같이 들어보세요

환전	りょうがえ 両替 료-가에	외화	がいか 外貨 가이까
지폐	さつ 札 사쯔	동전	コイン 코인
잔돈	こま 細かいの 코마까이노	수수료	てすうりょう 手数料 테스-료-

환전하려고 하는데요.

りょうがえ
両替したいんですが。
료-가에시따인데스가

환전할 수 있나요?

りょうがえ
両替できますか。
료-가에데끼마스까

이 근처에 외화 환전할 곳 있나요?

ちか がいか りょうがえ
この近くに、外貨両替をするところはありますか。
코노 치까꾸니 가이까료-가에오 스루 토꼬로와 아리마스까

이것을 엔으로 바꿔 주세요.

えん か
これを円に替えてください。
코레오 엔니 카에떼 쿠다사이

잔돈으로 바꿔 주세요.

こま か
細かいのに替えてください。
코마까이노니 카에떼 쿠다사이

만 엔짜리랑 천 엔짜리로 주세요.

いちまんえんさつ せんえんさつ ねが
一万円札と千円札でお願いします。
이찌망엔사쯔또 셍엔사쯔데 오네가이시마스

200달러를 엔으로 환전해 주세요.

にひゃく えん りょうがえ ねが
200ドルを円に両替お願いします。
니햐꾸도루오 엔니 료-가에 오네가이시마스

일본의 통화

いちまん　えん
10,000円
이찌망 엔

ごせん　えん
5,000円
고셍 엔

せん　えん
1,000円
셍 엔

いち えん
1円
이찌 엔

ご えん
5円
고 엔

じゅう えん
10円
쥬 - 엔

ごじゅう えん
50円
고쥬 - 엔

ひゃく えん
100円
햐꾸 엔

ごひゃく えん
500円
고햐꾸 엔

짐은 위쪽 선반이나 좌석 아래에 넣어 주십시오.

にもつ　うえ　たな　ざせき　した　い

お荷物は上の棚や座席の下にお入れください。

오니모쯔와 우에노 타나야 자세끼노 시따니 오이레쿠다사이

안전을 위해 좌석 벨트를 착용해 주십시오.

あんぜん　ちゃくよう

安全のためシートベルトを着用してください。

안젠노타메 시-또베르또오 챠꾸요-시떼 쿠다사이

곧 이륙하겠습니다.

ま　りりく

間もなく離陸します。

마모나꾸 리리꾸시마스

곧 착륙하겠습니다.

ま　ちゃくりく

間もなく着陸します。

마모나꾸 챠꾸리꾸시마스

탑승해 주셔서 대단히 감사합니다.

とうじょう　まこと

ご搭乗、誠にありがとうございました。

고토-죠- 마꼬또니 아리가또- 고자이마시따

京葉線
Keiyō Line
(武蔵野線)
(Musashino Line)
丸の内中央口
Marunouchi Central Exit
丸之内中央出口
마루노우치 중앙 출구
横須賀・総武線
Yokosuka・Sōbu Line
成田空港
Narita Airport
1・2
中央線
Chūō Line
インフォメーション
センター
普通 9:22 熱海 4ドア7
普通 9:32 小田原 4ドア9
普通 9:42 熱海 4ドア7
普通 9:52 小田原 4ドア9
10:00 10両 10
車内の警戒を強化しております。駅構内で

PART 2

교통 이용하기

DAY 015

지하철 표 구입

MP3를 같이 들어보세요

표	きっぷ 切符 킵뿌	충전	チャージ 챠-지
보증금	デポジット 데뽀짓또	잔돈	おつり 오쯔리
노선도	ろせんず 路線図 로센즈		

표는 어디에서 사요?

きっぷ　か
切符はどこで買いますか。
킵뿌와 도꼬데 카이마스까

스이카는 어디에서 살 수 있어요?

スイカ　か
Suicaはどこで買えますか。
스이까와 도꼬데 카에마스까

파스모 충전은 어디에서 하나요?

パスモ
PASMOのチャージはどこでしますか。
파스모노 챠-지와 도꼬데 시마스까

보증금은 어디에서 환불받을 수 있어요?

はら　もど
デポジットはどこで払い戻せますか。
데뽀짓또와 도꼬데 하라이모도세마스까

노선도를 얻을 수 있어요?

ろせんず
路線図をもらえますか。
로센즈오 모라에마스까

야마노테 선은 어디에서 타요?

やまのてせん　の
山手線はどこで乗りますか。
야마노떼셍와 도꼬데 노리마스까

JR 역은 어느 쪽이에요?

ジェーアール　えき
ＪＲの駅はどちらですか。
제-아-루노 에끼와 도찌라데스까

전철	でんしゃ 電車 덴샤	지하철	ちかてつ 地下鉄 치까떼쯔
각 역 정차 (일반)	かくえきていしゃ 各駅停車 카꾸에끼테-샤	급행	きゅうこう 急行 큐-꼬-
잘못 타다	の まちが 乗り間違える 노리마찌가에루	목적지를 지나쳐 가다	の こ 乗り越す 노리코스

여기에서 타면 신바시 역으로 가요?

の　しんばしえき　い
ここで乗ると、新橋駅に行きますか。
코꼬데 노루또 심바시에끼니 이끼마스까

이거, 우메다 역에 가는 전철 맞아요?

うめだえき　い　でんしゃ
これ、梅田駅に行く電車ですか。
코레 우메다에끼니 이꾸 덴샤데스까

이 전철은 각 역 정차예요?

でんしゃ　かくえきていしゃ
この電車は各駅停車ですか。
코노 덴샤와 카꾸에끼테-샤데스까

Tip

보통열차	普通列車(ふつうれっしゃ) [후쯔-렛샤]
쾌속	快速(かいそく) [카이소꾸]
급행	急行(きゅうこう) [큐-꼬-]
특급	特急(とっきゅう) [톡뀨-]

어디에서 내리면 돼요?

お
どこで降りたらいいですか。
도꼬데 오리따라 이-데스까

전철을 잘못 탔어요.

でんしゃ　の　まちが
電車を乗り間違えました。
덴샤오 노리마찌가에마시따

내릴 역을 지나쳐 버렸어요.

の　こ
乗り越してしまいました。
노리코시떼 시마이마시따

짐을 놓고 내렸어요.

にもつ　お　わす
荷物を置き忘れました。
니모쯔오 오끼와스레마시따

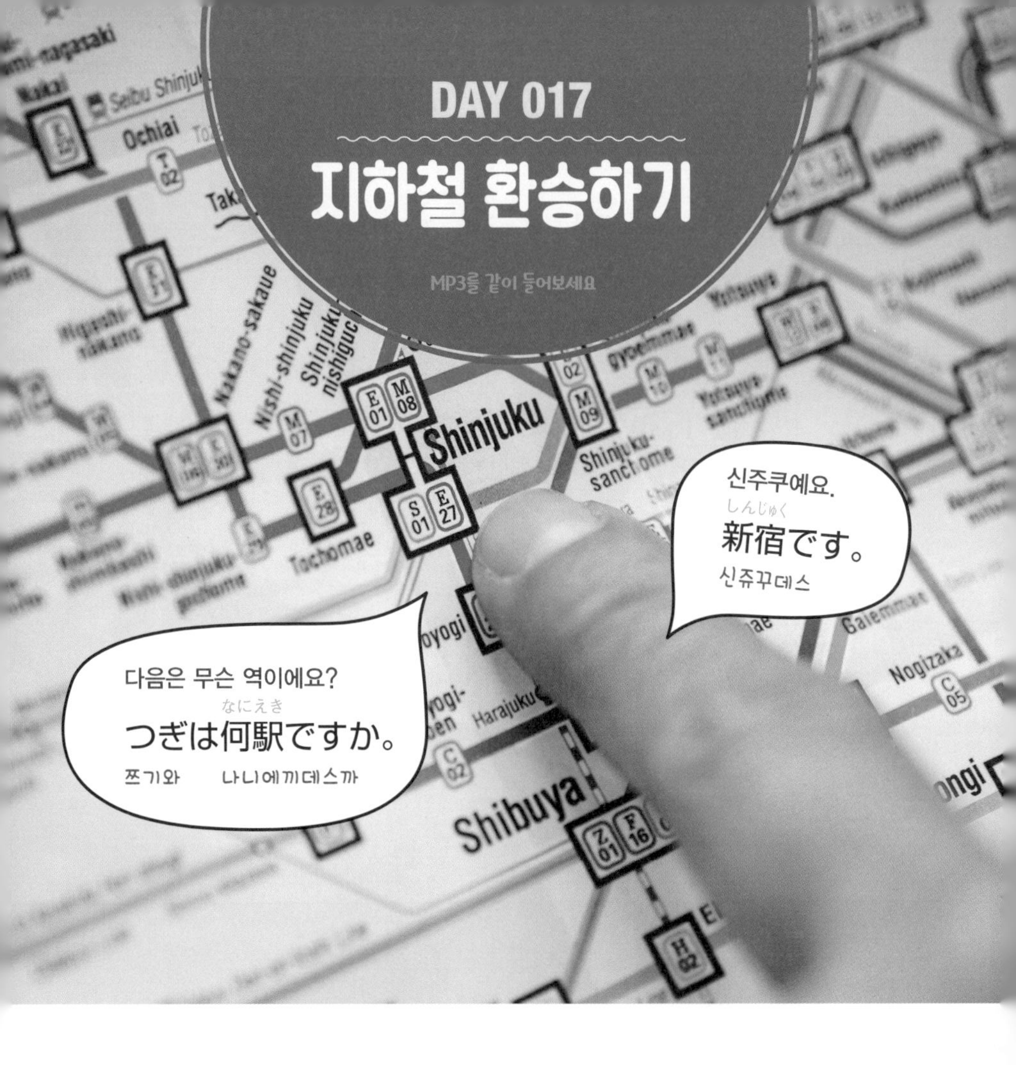

환승	乗り換え（のりかえ） 노리카에	역	駅（えき） 에끼
갈아타다	乗り換える（のりかえる） 노리카에루	다음	つぎ 쯔기

어디에서 갈아타요?

どこで乗(の)り換(か)えますか。

도꼬데 노리카에마스까

어느 역에서 환승하면 되나요?

どの駅(えき)で乗(の)り換(か)えればいいですか。

도노 에끼데 노리카에레바 이-데스까

환승은 어느 쪽이에요?

乗(の)り換(か)えはどちらですか。

노리카에와 도찌라데스까

우에노 역에서 갈아타면 됩니다.

上野駅(うえのえき)で乗(の)り換(か)えます。

우에노에끼데 노리카에마스

신바시 역에서 유리카모메로 갈아타세요.

新橋駅(しんばしえき)でゆりかもめに乗(の)り換(か)えてください。

심바시에끼데 유리까모메니 노리카에떼 쿠다사이

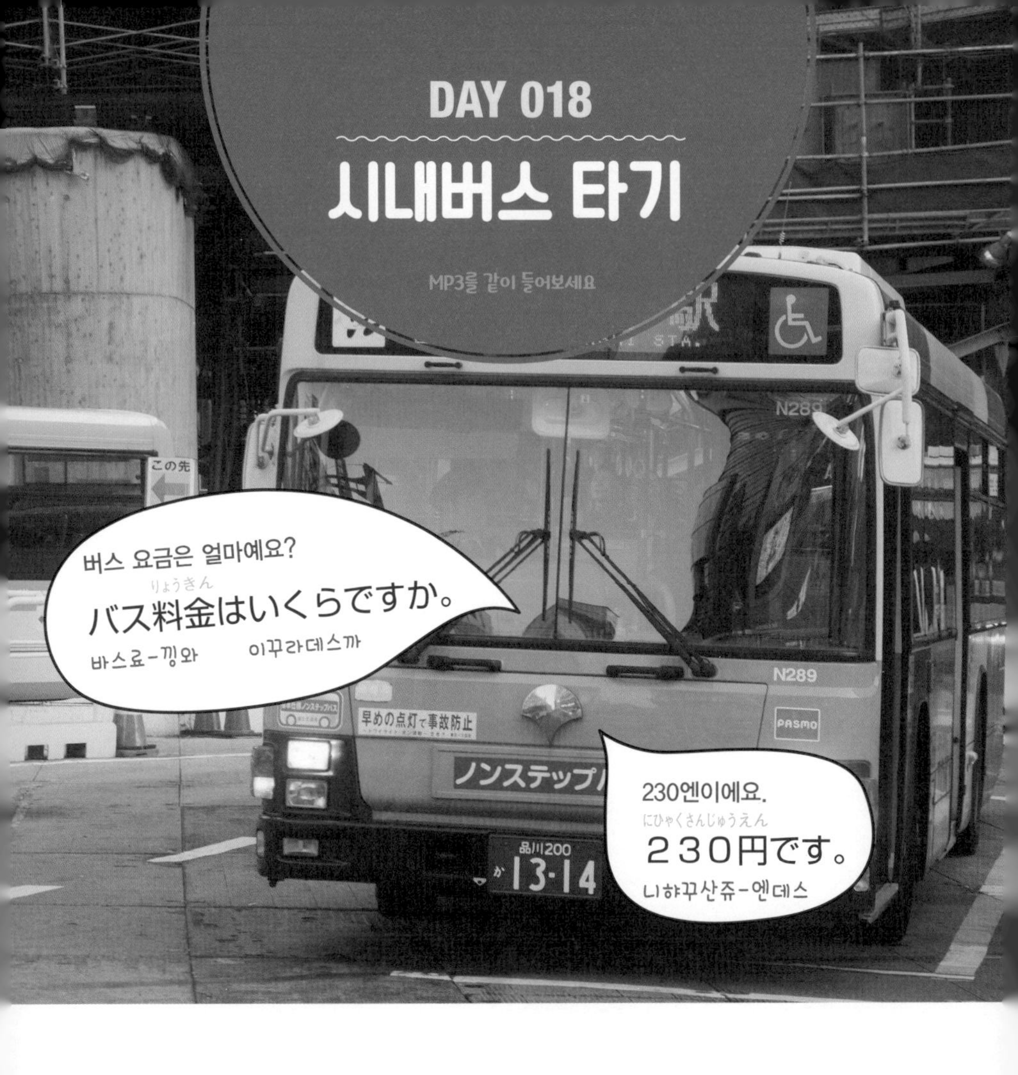

버스	バス 바스	버스 정류장	バス停(てい) 바스떼-
몇 번	何番(なんばん) 남방	타다	乗(の)る 노루
내리다	降(お)りる 오리루		

버스 정류장은 어디예요?

てい
バス停はどこですか。
바 스 떼 - 와　도 꼬 데 스 까

버스는 얼마나 자주 와요?

かんかく　き
バスはどれくらいの間隔で来ますか。
바 스 와　도 레 쿠 라 이 노　칸 까 꾸 데　키 마 스 까

도쿄타워에는 몇 번 버스가 가나요?

とうきょう　なんばん　い
東京タワーには、何番バスが行きますか。
토 - 꾜 - 타 와 - 니 와　남 방 바 스 가　이 끼 마 스 까

버스는 어디에서 타요?

の
バスはどこで乗りますか。
바 스 와　도 꼬 데　노 리 마 스 까

몇 번 버스를 타면 돼요?

なんばん　の
何番バスに乗ればいいですか。
남 방 바 스 니　노 레 바　이 - 데 스 까

이 버스는 지브리 미술관에 가나요?

びじゅつかん　い
このバスは、ジブリ美術館に行きますか。
코 노　바 스 와　지 브 리 비 쥬 쯔 깐 니　이 끼 마 스 까

다음에 내리시면 돼요.

お
つぎに降りたらいいですよ。
쯔 기 니　오 리 따 라　이 - 데 스 요

DAY 019

고속버스 타기

MP3를 같이 들어보세요

왕복	おうふく 往復 오-후꾸	편도	かたみち 片道 카따미찌
운임	うんちん 運賃 운찡	요금	りょうきん 料金 료-낑
~행	ゆ ~行き 유끼	고속버스	こうそく 高速バス 코-소꾸바스

표는 어디에서 살 수 있나요?

きっぷ　か
切符はどこで買えますか。
킵뿌와 도꼬데 카에마스까

창구에서 구입하시면 됩니다.

まどぐち　か
窓口で買ってください。
마도구찌데 캇떼 쿠다사이

왕복 운임은 얼마예요?

おうふくうんちん
往復運賃はいくらですか。
오-후꾸운찡와 이꾸라데스까

편도 요금은 얼마예요?

かたみち　りょうきん
片道の料金はいくらですか。
카따미찌노 료-낑와 이꾸라데스까

버스 좌석을 예약하고 싶은데요.

ざせき　よやく
バスの座席を予約したいですが。
바스노 자세끼오 요야꾸시따이데스가

오사카행 버스는 몇 시 출발이에요?

おおさかゆ　なんじしゅっぱつ
大阪行きのバスは、何時出発ですか。
오-사까유끼노 바스와 난지 슙빠쯔데스까

도착하면 알려 주세요.

つ　おし
着いたら教えてください。
쯔이따라 오시에떼 쿠다사이

한국어	일본어	한국어	일본어
기차	きしゃ 汽車 키샤	신칸센	しんかんせん 新幹線 신깐센
어른	おとな 大人 오또나	어린이	こども 子供 코도모
~장, ~매	まい ~枚 마이	캔슬, 취소	キャンセル 캰세루

하카타까지 얼마예요?

はか た

博多までいくらですか。

하 까 따 마 데　이 꾸 라 데 스 까

좀 더 빨리 출발하는 것은 없나요?

はや　しゅっぱつ

もっと早く出発するのはありませんか。

못 또　하 야 꾸 슙 빠 쯔 스 루 노 와　아 리 마 셍 까

어른 2장, 어린이 1장 주세요.

おとな　に まい　こ どもいちまい

大人２枚、子供１枚ください。

오 또 나　니 마 이　코 도 모 이찌마이 쿠 다 사 이

나고야행 편도 표로 주세요.

な ご や ゆ　かたみち　ねが

名古屋行き、片道でお願いします。

나 고 야 유 끼　카 따 미 찌 데　오 네 가 이 시 마 스

이 표를 취소할 수 있나요?

きっ ぷ

この切符をキャンセルできますか。

코 노　킵 뿌 오　캰 세 루　데 끼 마 스 까

DAY 021

기차 좌석 정하기

MP3를 같이 들어보세요

일등석, 지정석	しゃ グリーン車 그리-인샤	지정석	していせき 指定席 시떼-세끼
일반석	ふつうせき 普通席 후쯔-세끼	자유석	じゆうせき 自由席 지유-세끼
침대차	しんだいしゃ 寝台車 신다이샤	흡연실	きつえん 喫煙ルーム 키쯔엔루-무

일등석 표로 주세요.

グリーン車(しゃ)の切符(きっぷ)をお願(ねが)いします。

그리-인샤노 킵뿌오 오네가이시마스

일반석 남았어요?

普通席(ふつうせき)は空(あ)いていますか。

후쯔-세끼와 아이떼 이마스까

히카리 지정석으로 1장 주세요.

ひかりの指定席(していせき)を1枚(いちまい)ください。

히까리노 시떼-세끼오 이찌마이 쿠다사이

일등석으로 주세요.

一等席(いっとうせき)をください。

잇또-세끼오 쿠다사이

창가 자리로 해 주세요.

窓側(まどがわ)の席(せき)にしてください。

마도가와노 세끼니 시떼 쿠다사이

침대차는 있어요?

寝台車(しんだいしゃ)はありますか。

신다이샤와 아리마스까

흡연실은 있어요?

喫煙(きつえん)ルームはありますか。

키쯔엔루-무와 아리마스까

DAY 022

기차 안에서

MP3를 같이 들어보세요

열차	れっしゃ 列車 렛샤	식당칸	しょくどうしゃ 食堂車 쇼꾸도-샤
도중하차	とちゅうげしゃ 途中下車 토츄-게샤	창문	まど 窓 마도
앉다	すわ 座る 스와루		

이거 오사카행 열차예요?

おおさか ゆ　れっしゃ
これ、大阪行きの列車ですか。
코레 오-사까유끼노 렛샤데스까

여기에 앉아도 돼요?

すわ
ここに座ってもいいですか。
코꼬니 스왓떼모 이-데스까

저기, 제 자리인데요.

わたし　せき
あのう、私の席ですが。
아노- 와따시노 세끼데스가

죄송합니다. 옮길게요.

うつ
すみません。移します。
스미마셍 우쯔시마스

식당칸은 어디인가요?

しょくどうしゃ
食堂車はどこでしょうか。
쇼꾸도-샤와 도꼬데쇼-까

도중에 하차할 수 있나요?

と ちゅう げ しゃ
途中下車はできますか。
토츄-게샤와 데끼마스까

DAY 023

택시 타기

MP3를 같이 들어보세요

한국어	일본어	한국어	일본어
택시	タクシー 탁시-	타는 곳, 승강장	乗り場(のりば) 노리바
공항	空港(くうこう) 쿠-꼬-	트렁크	トランク 토랑끄
짐	荷物(にもつ) 니모쯔		

택시를 불러 주세요.

よ
タクシーを呼んでください。
탁 시 - 오 욘 데 쿠 다 사 이

택시 타는 곳은 어디예요?

の ば
タクシー乗り場はどこですか。
탁 시 - 노 리 바 와 도 꼬 데 스 까

어디서 택시를 잡을 수 있나요?

ひろ
タクシーはどこで拾えますか。
탁 시 - 와 도 꼬 데 히 로 에 마 스 까

공항까지 얼마 정도 나와요?

くうこう
空港まで、いくらくらいですか。
쿠 - 꼬 - 마 데 이 꾸 라 쿠 라 이 데 스 까

트렁크를 열어 주세요.

あ
トランクを開けてください。
토 랑 끄 오 아 께 떼 쿠 다 사 이

짐 좀 실어 주세요.

にもつ の
荷物を載せてください。
니 모 쯔 오 노 세 떼 쿠 다 사 이

DAY 024

택시 타고 가기

MP3를 같이 들어보세요

한국어	일본어	한국어	일본어
주소	住所(じゅうしょ) 쥬-쇼	목적지	行(ゆ)き先(さき) 유끼사끼
~까지	~まで 마데	세우다	止(と)める 토메루
역	駅(えき) 에끼		

어디로 가십니까?

い
どちらまで行かれますか。
도찌라마데 이까레마스까

이 주소로 가 주세요.

じゅうしょ い
この住所へ行ってください。
코노 쥬-쇼에 잇떼 쿠다사이

뉴오타니호텔로 가 주세요.

ねが
ニューオータニホテルまでお願いします。
뉴-오-따니 호떼루마데 오네가이시마스

시나가와 역까지 부탁합니다.

しながわえき ねが
品川駅までお願いします。
시나가와에끼마데 오네가이시마스

여기에서 세워 주세요.

と
ここで止めてください。
코꼬데 토메떼 쿠다사이

얼마예요?

いくらですか。
이꾸라데스까

잔돈은 됐어요.

おつりはいいです。
오쯔리와 이-데스

곧장	まっすぐ 맛스구	천천히	ゆっくり 육꾸리
서두르다	いそ 急ぐ 이소구	기다리다	ま 待つ 마쯔
오른쪽	みぎ 右 미기	왼쪽	ひだり 左 히다리

곧장 가 주세요.

い
まっすぐ行ってください。
맛스구 잇떼 쿠다사이

좀 천천히 몰아 주세요.

はし
もっとゆっくり走ってください。
못또 육꾸리 하싯떼 쿠다사이

여기에서 기다려 주세요.

ま
ここで待っていてください。
코꼬데 맛떼 이떼 쿠다사이

히터 온도를 높여 주시겠어요?

おんど あ
ヒーターの温度を上げてもらえますか。
히-따-노 온도오 아게떼 모라에마스까

에어컨을 꺼 주시겠어요?

け
エアコンを消してもらえますか。
에아꽁오 케시떼 모라에마스까

볼륨을 조금 줄여 주세요.

さ
ボリュームをちょっと下げてください。
보류-무오 쫏또 사게떼 쿠다사이

우회전해 주세요.

みぎ ま
右に曲がってください。
미기니 마갓떼 쿠다사이

DAY 026

렌터카 문의

MP3를 같이 들어보세요

렌터카	レンタカー 렌따카-	오토매틱	オートマチック 오-또마칙꾸
하이브리드	ハイブリッド 하이브릿도	밴	バン 반
미니밴	ワゴン車(しゃ) 와곤샤	사륜구동	四駆(よんく) 욘꾸

차를 렌트하고 싶은데요.

くるま か
車を借りたいんですが。
쿠루마오 카 리 따 인 데 스 가

어떤 차를 원하세요?

かた この
どんな型がお好みですか。
돈 나 카 따 가 오 코 노 미 데 스 까

하이브리드 차 있어요?

ハイブリッドカー、ありますか。
하 이 브 릿 도 카 - 아 리 마 스 까

후방 카메라가 달려 있어요?

つ
バックモニターが付いていますか。
박 끄 모 니 따 - 가 쯔 이 떼 이 마 스 까

ETC 카드를 대여할 수 있어요?

イーティーシー か
ETCカードを借りられますか。
이 - 티 - 시 - 카 - 도 오 카 리 라 레 마 스 까

빌리기 전에 그 차를 보고 싶은데요.

か まえ くるま み
借りる前に、その車を見たいですが。
카 리 루 마 에 니 소 노 쿠루마오 미 따 이 데 스 가

DAY 027

렌터카 요금·옵션

MP3를 같이 들어보세요

한국어	일본어	발음
보험	保険(ほけん)	호껭
보증금	保証金(ほしょうきん)	호쇼-낑
내비게이션	カーナビ	카-나비
사용법	使い方(つかいかた)	쯔까이카따
한국어	韓国語(かんこくご)	캉꼬꾸고
유아용 카시트	ベビーシート	베비-시-또

하루 요금이 얼마예요?

いちにち　りょうきん
1日あたりの料金はいくらですか。
이찌니찌아따리노 료-낑와 이꾸라데스까

보험료는 포함되어 있나요?

ほけんりょう　ふく
保険料は含まれていますか。
호껜료-와 후꾸마레떼 이마스까

5,000엔의 보증금이 있습니다.

ごせんえん　ほしょうきん
5,000円の保証金があります。
고셍엔노 호쇼-낑가 아리마스

차량 내비게이션 사용법을 알려 주시겠어요?

つか　かた　おし
カーナビの使い方を教えてもらえますか。
카-나비노 쯔까이카따오 오시에떼 모라에마스까

내비게이션은 한국어도 지원되나요?

かんこくご　たいおう
カーナビは、韓国語にも対応できますか。
카-나비와 캉꼬꾸고니모 타이오-데끼마스까

내비게이션이 소리가 안 나와요.

おと　で
カーナビの音が出ません。
카-나비노 오또가 데마셍

유아용 카시트는 빌릴 수 있나요?

か
ベビーシートは借りられますか。
베비-시-또와 카리라레마스까

DAY 028

렌트하기

MP3를 같이 들어보세요

면허증	めんきょしょう 免許証 멘꾜쇼-	차량 반납	へんしゃ 返車 헨샤
반환하다	かえ 返す 카에스	사고	じこ 事故 지꼬
가득 채움	まん 満タン 만땅	주유소	ガソリンスタンド 가소린스딴도

면허증을 보여 주세요.

めんきょしょう　み
免許証を見せてください。
멘꾜쇼-오 미세떼 쿠다사이

예약한 거랑 다른데요.

よやく　ちが
予約したものと違いますが。
요야꾸시따 모노또 치가이마스가

토요일 오후 2시까지 반납해 주세요.

どようび　ごごにじ　へんしゃ
土曜日の午後2時までに返車してください。
도요-비노 고고 니지마데니 헨샤시떼 쿠다사이

기름을 가득 채워 반환해 주세요.

まん　かえ
ガソリンを満タンにして返してください。
가소링오 만딴니 시떼 카에시떼 쿠다사이

사고가 났을 때는 이쪽으로 연락해 주세요.

じこ　ばあい　れんらく
事故の場合はこちらに連絡してください。
지꼬노 바아이와 코찌라니 렌라꾸시떼 쿠다사이

이 근처에 주유소가 있습니까?

ちか
この近くに、ガソリンスタンドがありますか。
코노 치까꾸니 가소린스딴도가 아리마스까

DAY 029

주유소에서

MP3를 같이 들어보세요

일반 휘발유	レギュラー 레규라-	고급 휘발유	ハイオク 하이오끄
경유	軽油(けいゆ) 케-유	영수증	レシート 레시-또
카드	カード 카-도	현금	現金(げんきん) 겡낑

가득 채워 주세요.

まん
満タンにしてください。
만 딴 니 시 떼 쿠 다 사 이

3,000엔어치 넣어 주세요.

さんぜん えんぶん ねが
3,000円分、お願いします。
산 젱 엠 붕 오 네 가 이 시 마 스

일반 휘발유인가요, 고급 휘발유인가요?

レギュラーですか、ハイオクですか。
레 규 라 - 데 스 까 하 이 오 꾸 데 스 까

영수증 주세요.

レシートください。
레 시 - 또 쿠 다 사 이

어디로 나가면 되나요?

で
どこに出ればいいですか。
도 꼬 니 데 레 바 이 - 데 스 까

여기에서 저기까지 어떻게 가요?

い
ここからあそこまで、どうやって行きますか。
코 꼬 까 라 아 소 꼬 마 데 도 - 얏 떼 이 끼 마 스 까

주차장	ちゅうしゃじょう 駐車場 츄-샤죠-	주차 요금	ちゅうしゃりょうきん 駐車料金 츄-샤료-낑
주차 금지	ちゅうしゃきんし 駐車禁止 츄-샤킨시	주차 위반	ちゅうしゃいはん 駐車違反 츄-샤이항
공간	スペース 스뻬-스	발레파킹	バレーパーキング 바레-파-낑그

여기에 세워도 되나요?

ここに停(と)めてもいいですか。

코꼬니 토메떼모 이-데스까

이 레스토랑에 주차장 있나요?

このレストランに、駐車場(ちゅうしゃじょう)ありますか。

코노 레스토랑니 츄-샤죠- 아리마스까

유료인가요, 무료인가요?

有料(ゆうりょう)ですか、無料(むりょう)ですか。

유-료-데스까 무료-데스까

여기는 유료 주차장입니다.

ここは有料(ゆうりょう)の駐車場(ちゅうしゃじょう)です。

코꼬와 유-료-노 츄-샤죠-데스

한 시간에 얼마죠?

1時間(いちじかん)、いくらですか。

이찌지깡 이꾸라데스까

몇 시까지 주차 됩니까?

何時(なんじ)まで駐車(ちゅうしゃ)できますか。

난지마데 츄-샤 데끼마스까

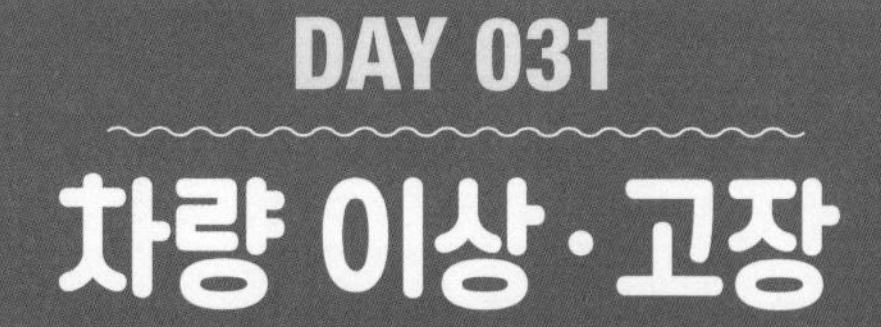

DAY 031

차량 이상・고장

MP3를 같이 들어보세요

교통사고가 났어요.

こうつうじこ
交通事故がありました。
코-쯔-지꼬가 아리마시따

지금 어디세요?

いま
今、どこですか。
이마 도꼬데스까

교통사고	こうつうじこ 交通事故 코-쯔-지꼬	고장	こしょう 故障 코쇼-
타이어	タイヤ 타이야	펑크	パンク 팡끄
엔진	エンジン 엔진	브레이크	ブレーキ 브레-끼

차가 고장 났어요.

くるま　こしょう

車が故障しました。

쿠루마가 코쇼-시마시따

차에서 이상한 소리가 나요.

くるま　へん　おと

車から変な音がします。

쿠루마까라 헨나 오또가 시마스

렌터카 회사에 연락해 주세요.

がいしゃ　れんらく

レンタカー会社に連絡してください。

렌따카-가이샤니 렌라꾸시떼 쿠다사이

타이어가 펑크 났어요.

タイヤがパンクしました。

타이야가 팡끄시마시따

브레이크 상태가 좋지 않아요.

ぐあい　わる

ブレーキの具合が悪いです。

브레-끼노 구아이가 와루이데스

시동이 안 걸려요.

くるま

車のエンジンがかかりません。

쿠루마노 엔징가 카까리마셍

브레이크가 잘 듣지 않아요.

き

ブレーキが利かないです。

브레-끼가 키까나이데스

DAY 032

길 물어보기 Ⅰ

MP3를 같이 들어보세요

길	道(みち) 미찌	가깝다	近(ちか)い 치까이
멀다	遠(とお)い 토-이	오른쪽	右側(みぎがわ) 미기가와
왼쪽	左側(ひだりがわ) 히다리가와	교차로, 사거리	交差点(こうさてん) 코-사뗀

요요기공원은 이 길로 가면 되나요?

よ よ ぎ こうえん　みち
代々木公園は、この道でいいんでしょうか。
요요기코-엥와 코노 미찌데 이인데쇼-까

가까운 전철역은 어디예요?

ちか えき
近い駅はどこですか。
치까이 에끼와 도꼬데스까

역까지 가는 길을 알려 주세요.

えき い みち おし
駅まで行く道を教えてください。
에끼마데 이꾸 미찌오 오시에떼 쿠다사이

길을 건너세요.

みち わた
道を渡ってください。
미찌오 와땃떼 쿠다사이

곧장 가면 왼쪽에 있어요.

い ひだりがわ
まっすぐ行くと、左側にあります。
맛스구 이꾸또 히다리가와니 아리마스

두 번째 교차로 바로 앞에 백화점이 있어요.

め こうさてん てまえ
ふたつ目の交差点の手前にデパートがあります。
후따쯔메노 코-사뗀노 테마에니 데빠-또가 아리마스

저도 그쪽으로 가는 길이니 따라오세요.

わたし い
私もそちらへ行きますから、ついてきてください。
와따시모 소찌라에 이끼마스까라 쯔이떼 키떼 쿠다사이

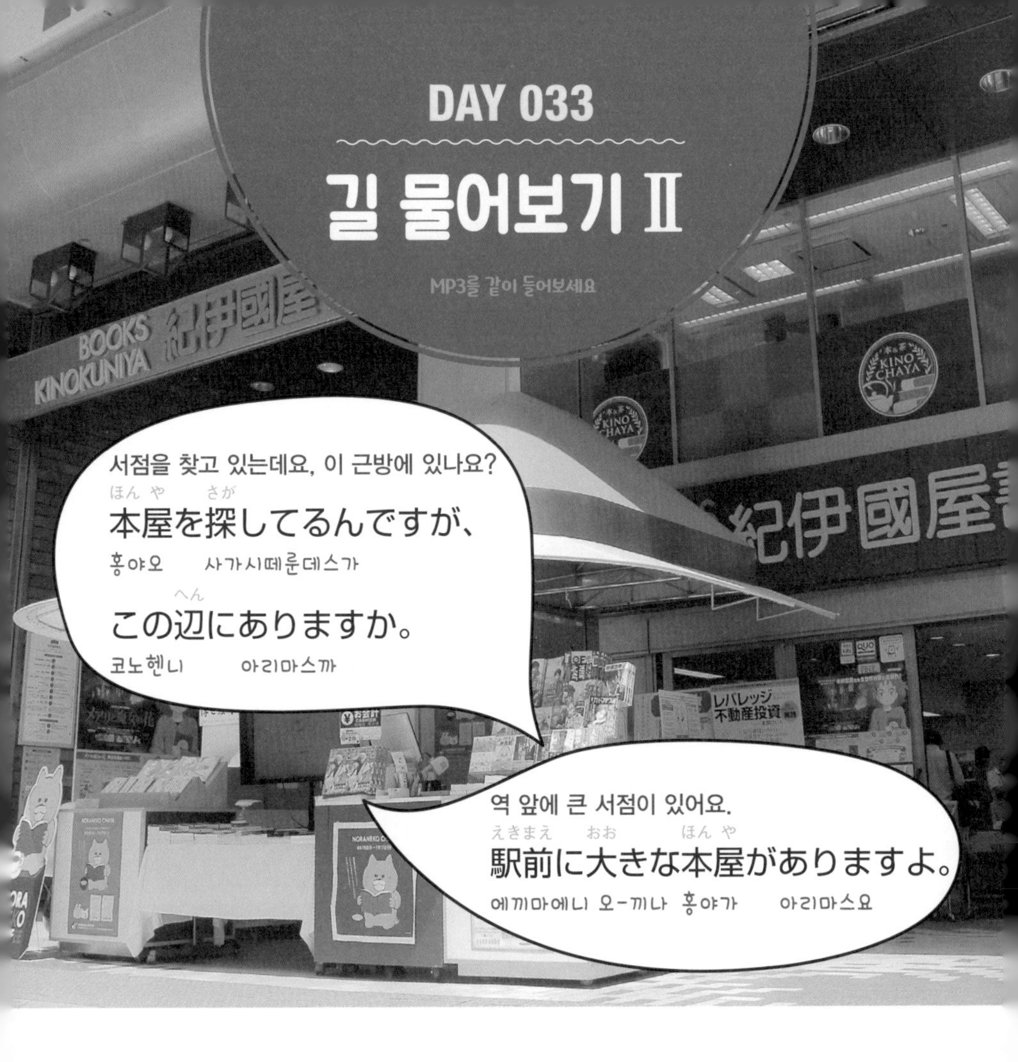

DAY 033

길 물어보기 Ⅱ

MP3를 같이 들어보세요

서점을 찾고 있는데요, 이 근방에 있나요?
本屋(ほんや)を探(さが)してるんですが、
홍야오 사가시떼룬데스가
この辺(へん)にありますか。
코노헨니 아리마스까

역 앞에 큰 서점이 있어요.
駅前(えきまえ)に大(おお)きな本屋(ほんや)がありますよ。
에끼마에니 오-끼나 홍야가 아리마스요

이 근방	この辺(へん) 코노헨	가장 빠르다	一番早(いちばんはや)い 이찌방 하야이
걷다	歩(ある)く 아루꾸	걸리다	かかる 카까루
어느 정도, 얼마나	どのぐらい 도노구라이	어느 정도, 얼마나	どれくらい 도레쿠라이

이쪽이에요?

こちらですか。

코찌라데스까

가장 빠른 길은 어디인가요?

いちばんはや　みち
一番早い道はどこですか。

이찌방 하야이 미찌와 도꼬데스까

여기서 얼마나 걸려요?

ここからどのぐらいかかりますか。

코꼬까라 도노구라이 카까리마스까

여기서부터 걸어서 갈 수 있나요?

ある　い
ここから歩いて行けますか。

코꼬까라 아루이떼 이께마스까

걸어가면 어느 정도 걸려요?

ある　い
歩いて行くと、どれくらいかかりますか。

아루이떼 이꾸또 도레쿠라이 카까리마스까

걸어가기에는 조금 멀어요.

ある　とお
歩くにはちょっと遠いです。

아루꾸니와 쫏또 토-이데스

DAY 034

길을 잃었을 때

MP3를 같이 들어보세요

지도	ちず 地図 치즈	현재 위치	げんざい　いち 現在の位置 겐자이노 이찌
동쪽	ひがし 東 히가시	서쪽	にし 西 니시
남쪽	みなみ 南 미나미	북쪽	きた 北 키따

길을 잃어버렸어요.

みち　まよ
道に迷ってしまいました。
미찌니 마욧떼 시마이마시따

여기는 어디예요?

ここはどこですか。
코꼬와 도꼬데스까

북쪽은 어느 쪽이에요?

きた
北はどちらですか。
키따와 도찌라데스까

(저를) 여기에 데려다주실 수 없나요?

つ
ここに連れていってもらえませんか。
코꼬니 쯔레떼 잇떼 모라에마셍까

지도를 그려 주실래요?

ちず　か
地図を描いてくれますか。
치즈오 카이떼 쿠레마스까

저기 파출소에 물어보세요.

こうばん　き
あそこの交番で聞いてください。
아소꼬노 코-방데 키이떼 쿠다사이

저를 따라오세요.

わたし
私についてきてください。
와따시니 쯔이떼 키떼 쿠다사이

길 묻기 필수 단어

てい バス停 버스 정류장 바 스 떼 -	えき 駅 역 에 끼
の　か 乗り換え 환승 노 리 카 에	となり 옆 토 나 리
うし 後ろ 뒤 우 시 로	まえ 前 앞 마 에
む　がわ 向かい側 맞은편 무 까 이 가 와	はんたいがわ 反対側 반대쪽 한 따 이 가 와
みぎ 右 오른쪽 미 기	ひだり 左 왼쪽 히 다 리
こう さ てん 交差点 교차로, 사거리 코 - 사 뗀	しんごう 信号 신호등 싱 고 -

도로표지판 익히기

おうだんきんし
横断禁止 횡단 금지
오-단킨시

とまれ
止まれ 멈춤
토마레

じょこう
徐行 서행
쇼꼬-

つうこうどめ
通行止 통행 금지
쯔-꼬-도메

しんにゅうきんし
進入禁止 진입 금지
신뉴-킨시

ちゅうしゃきんし
駐車禁止 주차 금지
츄-샤킨시

ほこうしゃせんよう
歩行者専用 보행자 전용
호꼬-샤센요-

いっぽうつうこう
一方通行 일방통행
입뽀-쯔-꼬-

PART 3

숙소 이용하기

날짜 말하기

몇 월 何月(なんがつ)

1月	2月	3月	4月	5月	6月
いちがつ 이찌가쯔	にがつ 니가쯔	さんがつ 상가쯔	しがつ 시가쯔	ごがつ 고가쯔	ろくがつ 로꾸가쯔
7月	**8月**	**9月**	**10月**	**11月**	**12月**
しちがつ 시찌가쯔	はちがつ 하찌가쯔	くがつ 쿠가쯔	じゅうがつ 쥬-가쯔	じゅういちがつ 쥬-이찌가쯔	じゅうにがつ 쥬-니가쯔

며칠 何日(なんにち)

1日	2日	3日	4日	5日	6日
ついたち 쯔이따찌	ふつか 후쯔까	みっか 믹까	よっか 욕까	いつか 이쯔까	むいか 무이까
7日	**8日**	**9日**	**10日**	**11日**	**12日**
なのか 나노까	ようか 요-까	ここのか 코꼬노까	とおか 토-까	じゅういちにち 쥬-이찌니찌	じゅうににち 쥬-니니찌
13日	**14日**	**15日**	**16日**	**17日**	**18日**
じゅうさんにち 쥬-산니찌	じゅうよっか 쥬-욕까	じゅうごにち 쥬-고니찌	じゅうろくにち 쥬-로꾸니찌	じゅうしちにち 쥬-시찌니찌	じゅうはちにち 쥬-하찌니찌
19日	**20日**	**21日**	**22日**	**23日**	**24日**
じゅうくにち 쥬-쿠니찌	はつか 하쯔까	にじゅういちにち 니쥬-이찌니찌	にじゅうににち 니쥬-니니찌	にじゅうさんにち 니쥬-산니찌	にじゅうよっか 니쥬-욕까
25日	**26日**	**27日**	**28日**	**29日**	**30日**
にじゅうごにち 니쥬-고니찌	にじゅうろくにち 니쥬-로꾸니찌	にじゅうしちにち 니쥬-시찌니찌	にじゅうはちにち 니쥬-하찌니찌	にじゅうくにち 니쥬-쿠니찌	さんじゅうにち 산쥬-니찌
31日					
さんじゅういちにち 산쥬-이찌니찌					

시간 말하기

1시	2시	3시	4시	5시	6시
いちじ 이찌지	にじ 니지	さんじ 산지	よじ 요지	ごじ 고지	ろくじ 로꾸지
7시	**8시**	**9시**	**10시**	**11시**	**12시**
しちじ 시찌지	はちじ 하찌지	くじ 쿠지	じゅうじ 쥬-지	じゅういちじ 쥬-이찌지	じゅうにじ 쥬-니지

1분	2분	3분	4분	5분
いっぷん 입뿐	にふん 니훈	さんぷん 삼뿐	よんぷん 욤뿐	ごふん 고훈
6분	**7분**	**8분**	**9분**	**10분**
ろっぷん 롭뿐	ななふん 나나훈	はちふん 하찌훈 はっぷん 합뿐	きゅうふん 큐-훈	じゅっぷん 쥽뿐 じっぷん 집뿐

20분 **にじゅっぷん**(20分) [니쥽뿐]
30분 **さんじゅっぷん**(30分) [산쥽뿐] = **はん**(半) [한]
40분 **よんじゅっぷん**(40分) [욘쥽뿐]
50분 **ごじゅっぷん**(50分) [고쥽뿐]

몇 시 **なんじ**(何時) [난지]
몇 분 **なんぷん**(何分) [남뿐]

한국어	일본어	한국어	일본어
방	へや 部屋 헤야	1박	いっぱく 1泊 입빠꾸
2박	に はく 2泊 니하꾸	조식	ちょうしょく 朝食 쵸-쇼꾸
세금	ぜいきん 税金 제-낑	서비스료	りょう サービス料 사-비스료-

1박에 얼마예요?

いっぱく
1泊、いくらですか。
입빠꾸 이꾸라데스까

세금과 서비스료가 포함되어 있나요?

ぜいきん りょう ふく
税金とサービス料は含まれていますか。
제-낀또 사-비스료-와 후꾸마레떼 이마스까

더 싼 방은 없어요?

やす へや
もっと安い部屋はありませんか。
못또 야스이 헤야와 아리마셍까

오늘 밤부터 2박 할 거예요.

こんや にはく
今夜から2泊します。
콩야까라 니하꾸 시마스

어른 두 명이랑 아이 두 명입니다.

おとな ふたり こども ふたり
大人二人と子供二人です。
오또나 후따리또 코도모 후따리데스

조식이 포함되어 있나요?

ちょうしょく
朝食はついていますか。
쵸-쇼꾸와 쯔이떼 이마스까

싱글 룸	シングルルーム 싱그루루-무	더블 룸	ダブルルーム 다브루루-무
트윈 룸	ツインルーム 쯔인루-무	오션뷰	オーシャンビュー 오-샨뷰-
금연	きんえん 禁煙 킹엔	흡연	きつえん 喫煙 키쯔엔

어떤 방으로 드릴까요?

へ　や
どのようなお部屋がよろしいですか。
도 노 요 - 나　　　오 헤 야 가　　요 로 시 - 데 스 까

싱글 룸으로 주세요.

シングルルームがいいです。
싱 그 루 루 - 무 가　　　　이 - 데 스

침대를 하나 더 방에 추가해 주세요.

へ　や　　い
ベッドをもうひとつ、部屋に入れていただけますか。
벳 도 오　　　모 - 히 또 쯔　　　헤 야 니　　이 레 떼　　이 따 다 께 마 스 까

금연 룸으로 부탁합니다.

きんえん　　　　　ねが
禁煙ルームでお願いします。
킹 엔　루 - 무 데　　　오 네 가 이 시 마 스

전망이 좋은 방으로 부탁합니다.

なが　　　　へ　や　　ねが
眺めのいい部屋をお願いします
나 가 메 노　이 -　　헤 야 오　　오 네 가 이 시 마 스

바다가 보이는 방으로 주세요.

うみ　み　　へ　や　　ねが
海の見える部屋をお願いします。
우 미 노　미 에 루　　헤 야 오　　오 네 가 이 시 마 스

조용한 방으로 부탁합니다.

しず　　へ　や　　ねが
静かな部屋をお願いします。
시 즈 까 나　헤 야 오　　오 네 가 이 시 마 스

DAY 037

예약 확인·변경

MP3를 같이 들어보세요

예약	よやく 予約 요야꾸	변경	へんこう 変更 헹꼬-
취소	と け 取り消し 토리케시	확인	かくにん 確認 카꾸닌
인터넷	インターネット 인따-넷또	전화	でんわ 電話 뎅와

예약되어 있지 않습니다만.

予約されていませんが。

요야꾸사레떼 이마셍가

지난주에 인터넷으로 예약했는데요.

先週、インターネットで予約したんですが。

센슈- 인따-넷또데 요야꾸시딴데스가

한 번 더 확인해 주세요.

もう一度確認してください。

모-이찌도 카꾸닌시떼 쿠다사이

날짜를 변경할 수 있을까요?

日にちの変更はできますか。

히니찌노 헹꼬-와 데끼마스까

1박을 2박으로 바꿔 주세요.

１泊を２泊に換えてください。

입빠꾸오 니하꾸니 카에떼 쿠다사이

예약을 취소해 주세요.

予約を取り消してください。

요야꾸오 토리케시떼 쿠다사이

DAY 038

숙소 체크인

MP3를 같이 들어보세요

체크인 부탁합니다.

チェックインをお願(ねが)いします。
책꾸잉오 오네가이시마스

체크인은 오후 3시부터입니다.

チェックインは午後(ごご)3時(さんじ)からとなっております。
책꾸잉와 고고 산지까라또 낫떼 오리마스

체크인	チェックイン 책꾸잉	체크아웃	チェックアウト 책꾸아우또
성함	お名前(なまえ) 오나마에	어느 분	どなた 도나따
옮기다	運(はこ)ぶ 하꼬부		

실례합니다만, 어느 분 이름으로 예약하셨습니까?

しつれい　よやく　なまえ
失礼ですが、ご予約のお名前は?
시쯔레-데스가 고요야꾸노 오나마에와

성함을 알려 주세요.

なまえ　ねが
お名前をお願いします。
오나마에오 오네가이시마스

일찍 체크인할 수 있나요?

はや
早めにチェックインできますか。
하야메니 첵꾸잉 데끼마스까

이 카드에 기입해 주십시오.

きにゅう
このカードにご記入ください。
코노 카-도니 고키뉴- 쿠다사이

체크아웃은 몇 시까지예요?

なんじ
チェックアウトは何時までですか。
첵꾸아우또와 난지마데데스까

10시입니다.

じゅうじ
10時です。
쥬-지데스

이 짐을 방으로 가져다주세요.

にもつ　へや　はこ
この荷物を部屋に運んでください。
코노 니모쯔오 헤야니 하꼰데 쿠다사이

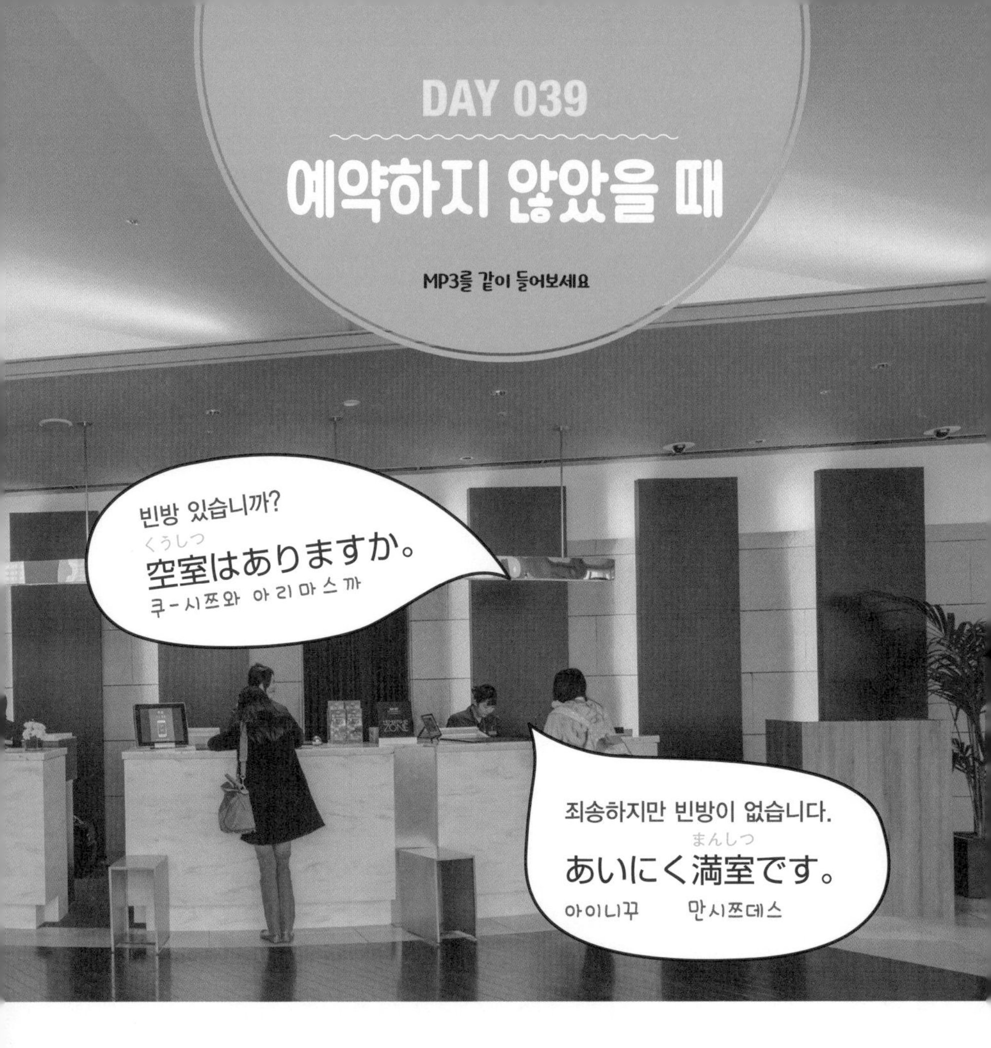

빈방	空室(くうしつ) 쿠-시쯔	만실	満室(まんしつ) 만시쯔
밝다	明(あか)るい 아까루이	넓다	広(ひろ)い 히로이
열쇠	鍵(かぎ) 카기		

숙박 요금은 얼마예요?

しゅくはくりょうきん
宿泊料金はいくらですか。
슈꾸하꾸료-낑와 이꾸라데스까

밝은 방으로 주세요.

あか　へや　ねが
明るい部屋をお願いします。
아까루이 헤야오 오네가이시마스

방 좀 보여 주세요.

へや　み
部屋を見せてください。
헤야오 미세떼 쿠다사이

몇 박 예정이세요?

なんぱく　よてい
何泊のご予定ですか。
남빠꾸노 고요떼-데스까

1박이요.

いっぱく
1泊です。
입빠꾸데스

Tip

2박	2泊(にはく) [니하꾸]
3박	3泊(さんぱく) [삼빠꾸]
4박	4泊(よんはく) [욘하꾸]
5박	5泊(ごはく) [고하꾸]

이 방으로 할게요.

へや
この部屋にします。
코노 헤야니 시마스

열쇠 여기 있습니다.

かぎ
こちらが鍵になります。
코찌라가 카기니 나리마스

DAY 040

편의시설 문의

MP3를 같이 들어보세요

편의점은 어디에 있습니까?
コンビニはどこにありますか。
콤비니와 도꼬니 아리마스까

길을 건너면 로손이 있습니다.
道(みち)を渡(わた)るとローソンがあります。
미찌오 와따루또 로-손가 아리마스

편의점	コンビニ 콤비니	레스토랑	レストラン 레스또랑
커피숍	コーヒーショップ 코-히-숍뿌	수영장	プール 푸-르
피트니스 센터	フィットネスジム 휘또네스지무	인터넷	インターネット 인따-넷또

레스토랑은 어디에 있어요?

レストランはどこにありますか。

레스또랑와 도꼬니 아리마스까

> Tip
> 바 バー [바-]
> 카페 カフェ [카훼]
> 사우나 サウナ [사우나]
> 세탁실 ランドリールーム [란도리-루-무]

카페는 몇 시부터 몇 시까지 영업해요?

なんじ なんじ あ

カフェは何時から何時まで開いていますか。

카훼와 난지까라 난지마데 아이떼 이마스까

인터넷을 할 수 있어요?

つか

インターネットを使えますか。

인따-넷또오 쯔까에마스까

무료 와이파이 되나요?

むりょう ワイファイ つか

無料のWi-Fi、使えますか。

무료-노 와이화이 쯔까에마스까

와이파이 비밀번호를 알려 주세요.

ワイファイ おし

Wi-Fiのパスワードを教えてください。

와이화이노 파스와-도오 오시에떼 쿠다사이

세탁(클리닝)을 부탁합니다.

ねが

クリーニングをお願いします。

크리-닝구오 오네가이시마스

언제까지 돼요? (언제 받을 수 있어요?)

う と

いつ受け取れますか。

이쯔 우께토레마스까

모닝콜	モーニングコール 모-닝구코-루	방 번호	ルームナンバー 루-무 남바-
식당	しょくどう 食堂 쇼꾸도-	원하다, 필요하다	ほしい 호시-
맡다, 보관하다	あず 預かる 아즈까루	가져오다	も 持ってくる 못떼 쿠루

내일 7시에 모닝콜 부탁합니다.

あした しちじ　　　　　　　　　　　ねが
明日７時にモーニングコールをお願いします。
아시따 시찌지니 모-닝구코-루오　　　　오네가이시마스

이불을 하나 더 가져다주세요.

　　　　　　　も
ふとんをもうひとつ持ってきてください。
후똥오　　모-히또쯔　　못떼　　키떼　쿠다사이

뜨거운 물이 필요한데요.

　ゆ
お湯がほしいですが。
오유가　　호시-데스가

조식은 어디서 하나요?

ちょうしょく　　　　た
朝食はどこで食べられますか。
쵸-쇼꾸와 도꼬데　타베라레마스까

조식은 몇 시까지 하나요?

ちょうしょく　なんじ
朝食は何時までですか。
쵸-쇼꾸와 난지마데데스까

방 번호와 성함을 말씀해 주세요.

　　　　　　　　なまえ　　ねが
ルームナンバーとお名前をお願いします。
루-무남바-또　　　오나마에오　오네가이시마스

귀중품을 보관해 주세요.

き ちょうひん　あず
貴重品を預かってください。
키쵸-힝오　　아즈깟떼　　쿠다사이

DAY 042
객실 서비스 요청

MP3를 같이 들어보세요

~호실	ごうしつ ~号室 고-시쯔	룸서비스	ルームサービス 루-무사-비스
청소	そう じ 掃除 소-지	옷걸이	ハンガー 항가-
드라이기	ドライヤー 도라이야-		

601호실인데요.

ろくまるいちごうしつ　もの
601号室の者です。
로꾸마루이찌고-시쯔노 모노데스

룸서비스를 부탁하고 싶은데요.

ねが
ルームサービスをお願いしたいですが。
루-무사-비스오 오네가이시따이데스가

토스트와 오렌지주스를 주세요.

ねが
トーストとオレンジジュースをお願いします。
토-스또또 오렌지쥬-스오 오네가이시마스

방 청소를 부탁합니다.

へや　そうじ
部屋を掃除してください。
헤야오 소-지시떼 쿠다사이

옷걸이 좀 가져다주세요.

も
ハンガーを持ってきてください。
항가-오 못떼 키떼 쿠다사이

드라이기를 빌리고 싶은데요.

か
ドライヤーを借りたいんですが。
도라이야-오 카리따인데스가

DAY 043

객실 불편사항 I

MP3를 같이 들어보세요

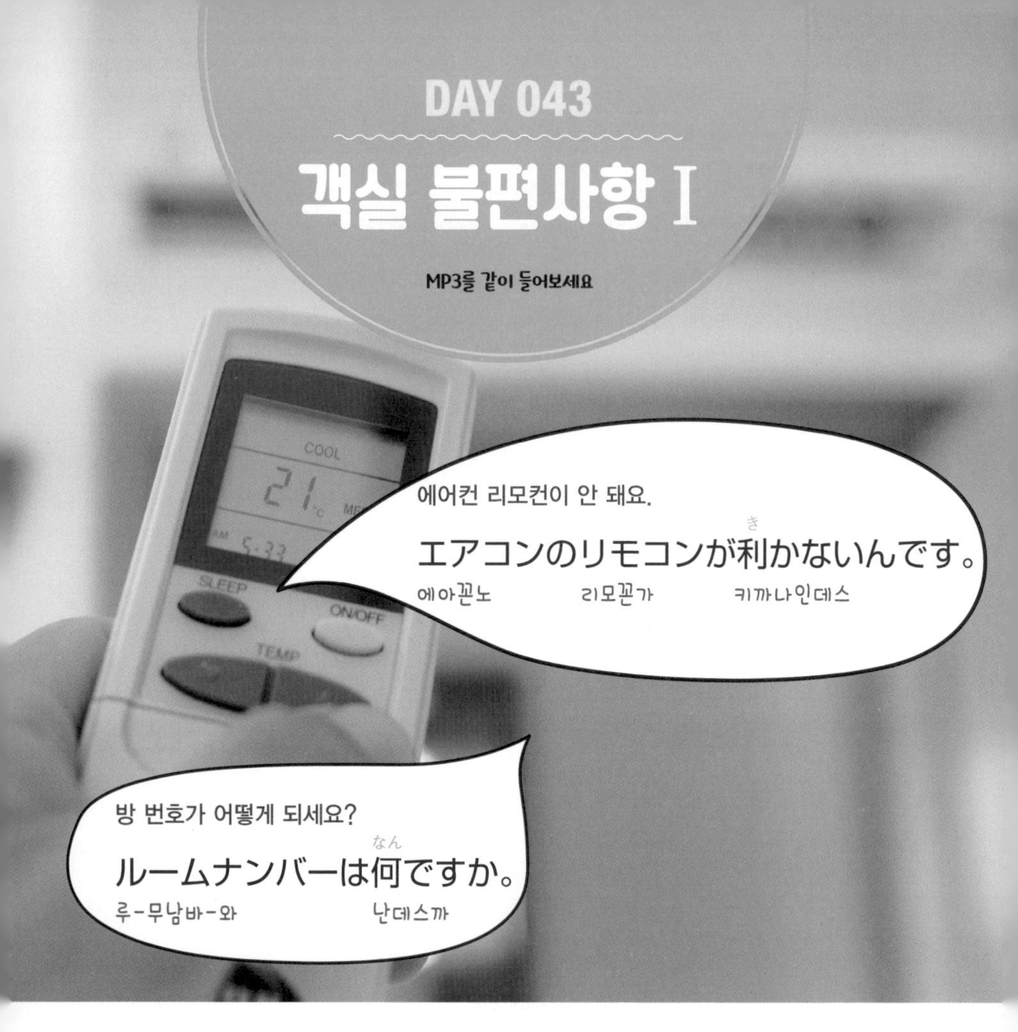

한국어	일본어	한국어	일본어
시끄럽다	うるさい 우루사이	춥다	さむ 寒い 사무이
덥다	あつ 暑い 아쯔이	냉방	れいぼう 冷房 레-보-
에어컨	エアコン 에아꼰	난방	だんぼう 暖房 담보-

옆방이 시끄러운데요.

となりの部屋(へや)がうるさいんですが。

토나리노 헤야가 우루사인데스가

방을 바꿀 수 있을까요?

部屋(へや)を変(か)えてもらえますか。

헤야오 카에떼 모라에마스까

방이 추운데요.

部屋(へや)が寒(さむ)いんですが。

헤야가 사무인데스가

방이 너무 더워요.

部屋(へや)がとても暑(あつ)いです。

헤야가 토떼모 아쯔이데스

냉방이 안 들어오는데요.

冷房(れいぼう)が利(き)いていないんですが。

레-보-가 키이떼 이나인데스가

에어컨이 작동하지 않아요.

エアコンが動(うご)いていません。

에아꼰가 우고이떼 이마셍

난방이 안 들어와요.

暖房(だんぼう)が利(き)いていません。

담보-가 키이떼 이마셍

텔레비전	テレビ 테레비	리모컨	リモコン 리모꼰
전기	電気(でんき) 뎅끼	화장실, 변기	トイレ 토이레
열쇠	鍵(かぎ) 카기	룸 키	ルームキー 루-무키-

텔레비전이 켜지지 않아요.

テレビがつきません。

테레비가 쯔끼마셍

리모컨이 고장 나 있어요.

こわ

リモコンが壊れています。

리모꼰가 코와레떼 이마스

전기가 안 켜져요.

でんき

電気がつきません。

뎅끼가 쯔끼마셍

방에 열쇠를 두고 나왔어요.

へや かぎ お わす

部屋に鍵を置き忘れました。

헤야니 카기오 오끼와스레마시따

룸 키를 잃어버렸어요.

ルームキーをなくしてしまいました。

루-무키-오 나꾸시떼 시마이마시따

뜨거운 물이 나오지 않아요.

ゆ で

お湯が出ません。

오유가 데마셍

변기가 막혀 버렸어요.

トイレがつまってしまいました。

토이레가 쯔맛떼 시마이마시따

변기 물이 내려가지 않는데요.

トイレの水(みず)が流(なが)れないんですが。

토이레노 미즈가 나가레나인데스가

타월을 바꿔 주세요.

タオルを取(と)り替(か)えてください。

타오루오 토리카에떼 쿠다사이

수건을 더 주세요.

タオルをもっとください。

타오루오 못또 쿠다사이

샴푸가 없어요.

シャンプーがないんです。

샴뿌-가 나인데스

화장지 좀 주시겠어요?

トイレットペーパーをもらえますか。

토이렛또뻬-빠-오 모라에마스까

휴지가 다 떨어졌어요.

トイレットペーパーが切(き)れています。

토이렛또뻬-빠-가 키레떼 이마스

객실 안에 있는 물품

ふとん 이불 후똥	まくら 베개 마꾸라
スリッパ 슬리퍼 스립빠	冷蔵庫(れいぞうこ) 냉장고 레-조-꼬
電気(でんき)ポット 전기포트 뎅끼폿또	ヘアドライヤー 드라이기 헤아도라이야-
トイレットペーパー 화장지 토이렛또뻬-빠-	タオル 타월, 수건 타오루
せっけん 비누 섹껭	シャンプー 샴푸 샴뿌-
コンディショナー 컨디셔너 콘디쇼나-	ボディーソープ 바디샤워 보디-소-뿌

DAY 045

숙소 체크아웃

MP3를 같이 들어보세요

한국어	일본어	한국어	일본어
요금	りょうきん 料金 료낑	영수증	りょうしゅうしょ 領収書 료-슈-쇼
미니바	ミニバー 미니바-	틀리다, 잘못되다	まちが 間違う 마찌가우
공항 버스	くうこう 空港バス 쿠-꼬-바스	도착	とうちゃく 到着 토-챠꾸

이건 무슨 요금이에요?

なん　りょうきん
これは何の料金ですか。
코레와　난노　료-낑데스까

요금이 틀린 것 같아요.

りょうきん　まちが
料金が間違っているようですが。
료낑가　마찌갓떼이루　요-데스가

미니바는 이용 안 했는데요.

りよう
ミニバーは利用していませんが。
미니바-와　리요-시떼　이마셍가

영수증을 주세요.

りょうしゅうしょ
領収書をください。
료-슈-쇼오　쿠다사이

짐을 5시까지 맡아 주세요.

にもつ　ごじ　あず
荷物を５時まで預かってください。
니모쯔오　고지마데　아즈깟떼　쿠다사이

공항 버스는 몇 시에 와요?

くうこう　なんじ　き
空港バスは何時に来ますか。
쿠-꼬-바스와　난지니　키마스까

곧 도착합니다.

ま　とうちゃく
間もなく到着します。
마모나꾸　토-챠꾸시마스

¥14000.
¥6500.
¥1000.
¥1500.
千客萬来
¥3200.
¥3700.
¥3700.
招福
大開運
大当り
宝くじ
¥3500.
¥2400.
¥1700.
¥650.
¥2700.

¥11500.
¥700.
¥1300
¥800.
¥3000.
ass Selection
シンプルで安定感のあるステムグラスです。
made in JAPAN
OK

PART 4

쇼핑 즐기기

DAY 046

매장 찾기

MP3를 같이 들어보세요

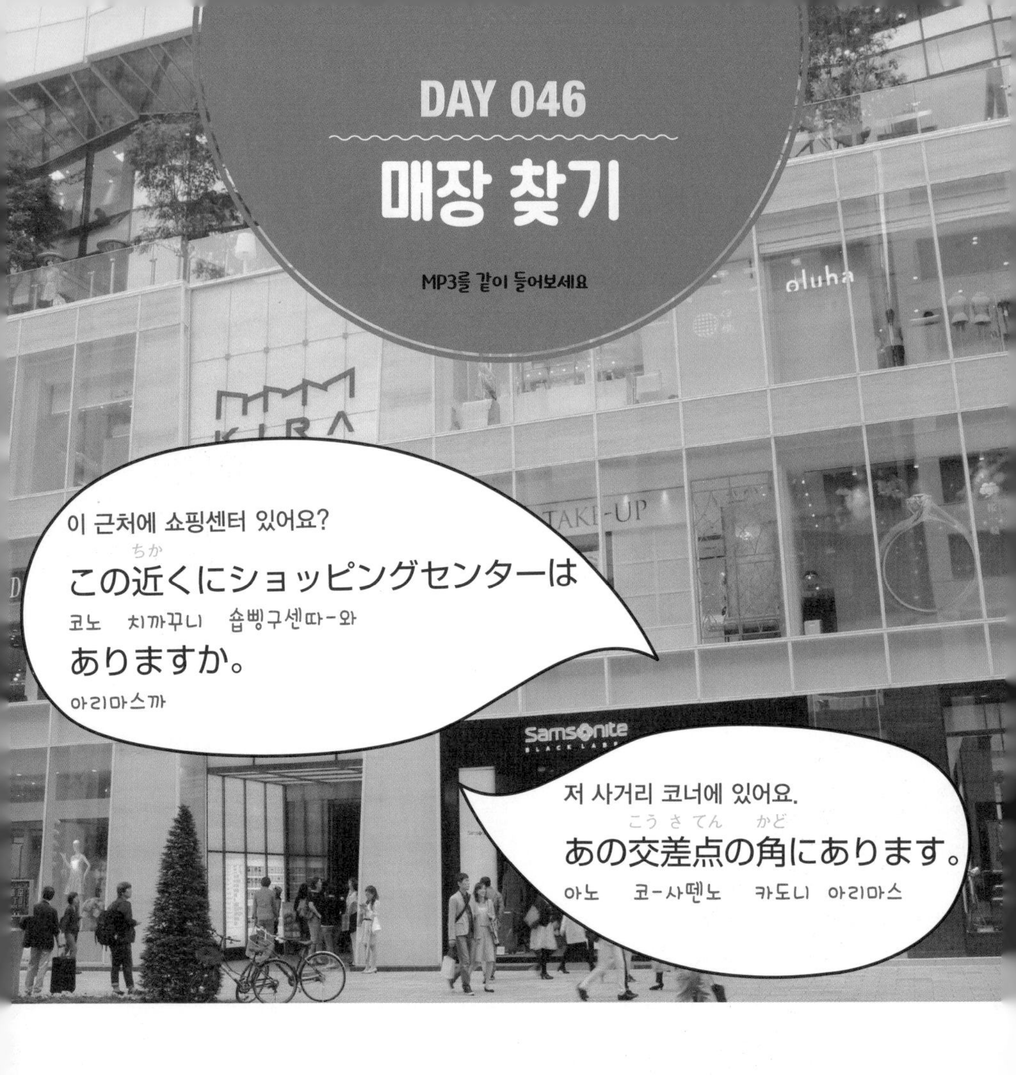

쇼핑센터	ショッピングセンター 숍삥구센따-	백화점	デパート 데빠-또
매장	うば 売り場 우리바	코너	コーナー 코-나-
몇 층	なんがい 何階 낭가이	~층	かい ~階 까이

신발을 사고 싶은데 어디서 살 수 있어요?

くつ　か
靴がほしいんですが、どこで買えますか。
쿠쯔가 호시인데스가 도꼬데 카에마스까

아동복 코너는 어디예요?

こどもふく
子供服コーナーはどこですか。
코도모후꾸 코-나-와 도꼬데스까

장난감 매장은 어디예요?

う　ば
おもちゃ売り場はどこですか。
오모챠 우리바와 도꼬데스까

화장품 매장은 어디예요?

けしょうひん う　ば
化粧品売り場はどこですか。
케쇼-힝 우리바와 도꼬데스까

스포츠 용품점 옆에 있어요.

ようひんてん　よこ
スポーツ用品店の横にあります。
스뽀-쯔요-힌뗀노 요꼬니 아리마스

카메라는 몇 층에 있어요?

なんがい
カメラは何階にありますか。
카메라와 낭가이니 아리마스까

5층에 있어요.

ご かい
5階にあります。
고까이니 아리마스

Tip

1층	1階(いっかい) [잇까이]
2층	2階(にかい) [니까이]
3층	3階(さんがい) [상가이]
4층	4階(よんかい) [용까이]
지하1층	地下1階(ちかいっかい) [치까잇까이]

DAY 047

마트에서

MP3를 같이 들어보세요

봉지	袋 (ふくろ) 후꾸로	비닐봉지	ビニール袋 (ぶくろ) 비니-루부꾸로
신상품	新商品 (しんしょうひん) 신쇼-힝	싸게 사서 이득	お買得 (かいどく) 오카이도꾸
추천	おすすめ 오스스메	세금 포함	税込み (ぜいこ) 제-코미

치약은 어디에 있어요?

はみがき粉(こ)はどこにありますか。

하 미 가 끼 코 와　도 꼬 니　아 리 마 스 까

낱개로 살 수도 있나요?

ばら売(う)りもできますか。

바 라 우 리 모　데 끼 마 스 까

유효 기간은 언제까지예요?

どれくらい持(も)ちますか。

도 레 쿠 라 이　모 찌 마 스 까

봉투 필요하세요? (봉지 이용하세요?)

袋(ふくろ)はご利用(りよう)ですか。

후꾸로와 고 리 요 - 데 스 까

비닐봉지에 담아 주세요.

ビニール袋(ぶくろ)に入(い)れてください。

비 니 - 루 부 꾸 로 니　이 레 떼　쿠 다 사 이

(봉투에) 따로 담을까요?

別々(べつべつ)に入(い)れますか。

베쯔베쯔니 이 레 마 스 까

같이 넣어도 될까요?

一緒(いっしょ)に入(い)れてもよろしいですか。

잇 쇼 니　이 레 떼 모　요 로 시 - 데 스 까

DAY 048

편의점에서

MP3를 같이 들어보세요

편의점	コンビニ 콤비니	나무젓가락	わりばし 와리바시
숟가락	スプーン 스뿌-운	빨대	ストロー 스또로-
전자레인지에 데우다	チンする 칭스루	데우다	温(あたた)める 아따따메루

(도시락 등을) 데울까요?

あたた
温めますか。
아 따 따 메 마 스 까

전자레인지에 데워 주세요.

チンしてください。
칭 시 떼 쿠 다 사 이

빨대 주세요.

ストローください。
스 또 로 - 쿠 다 사 이

나무젓가락 주세요.

わりばしください。
와 리 바 시 쿠 다 사 이

스푼 주세요.

スプーンください。
스 뿌 - 운 쿠 다 사 이

포인트 카드 있으세요?

も
ポイントカードはお持ちですか。
포 인 또 카 - 도 와 오 모 찌 데 스 까

아뇨, 없어요.

いいえ、ありません。
이 - 에 아 리 마 셍

드러그스토어	ドラッグストア 도락그스또아	반창고	ばんそうこう 絆創膏 반소-꼬-
파스	しっぷ 湿布 십뿌	마스크	マスク 마스끄
연고	なんこう 軟膏 난꼬-	두통약	ず つうやく 頭痛薬 즈쯔-야꾸

반창고 있어요?

ばんそうこう
絆創膏、ありますか。
반 소 - 꼬 - 아 리 마 스 까

파스는 어디에 있나요?

しっぷ
湿布はどこにありますか。
십 뿌 와 도 꼬 니 아 리 마 스 까

여기에 있습니다.

こちらにございます。
코 찌 라 니 고 자 이 마 스

안약을 찾고 있는데요.

めぐすり さが
目薬を探しているんですが。
메 구 스 리 오 사 가 시 떼 이 룬 데 스 가

상처에 바를 연고를 찾는데요.

きずぐち ぬ なんこう さが
傷口に塗る軟膏を探しているんですが。
키 즈 구 찌 니 누 루 난 꼬 - 오 사 가 시 떼 이 룬 데 스 가

두통약을 찾고 있는데요.

ずつうやく さが
頭痛薬を探しているんですが。
즈 쯔 - 야 꾸 오 사 가 시 떼 이 룬 데 스 가

Tip

소화제	消化剤(しょうかざい) [쇼-카자이]
감기약	風邪薬(かぜぐすり) [카제구스리]
변비약	便秘薬(べんぴやく) [벤삐야꾸]
위장약	胃腸薬(いちょうやく) [이쵸-야꾸]
해열제	解熱剤(げねつざい) [게네쯔자이]

DAY 050

매장 둘러보기

MP3를 같이 들어보세요

보다	見る(み) 미루	말걸다, 부르다	声をかける(こえ) 코에오 카께루
똑같은	同じ(おな) 오나지	상품	商品(しょうひん) 쇼-힝
사다	買う(か) 카우		

잠깐 구경 좀 할게요. (잠시 보고 있을 뿐이에요.)

み
ちょっと見ているだけです。
쫏또 미떼이루 다께데스

나중에 (필요하면) 부를게요.

こえ
あとで声をかけます。
아또데 코에오 카께마스

저기 잠깐만요.

ちょっとすみません。
쫏또 스미마셍

몇 가지 보여 주세요.

み
いくつか見せてください。
이꾸쯔까 미세떼 쿠다사이

이것과 똑같은 것이 있나요?

おな
これと同じものがありますか。
코레또 오나지모노가 아리마스까

그런 상품은 없는데요.

しょうひん
そういった商品はございませんが。
소-잇따 쇼-힝와 고자이마셍가

이거 살게요.

か
これ、買います。
코레 카이마스

한국어	일본어	한국어	일본어
사이즈	サイズ 사이즈	피팅룸	試着室(しちゃくしつ) 시챠꾸시쯔
딱 맞음	ぴったり 핏따리	꽉 끼다	きつい 키쯔이
크다	大きい(おお) 오-끼-	작다	小さい(ちい) 치-사이

입어 봐도 돼요?

着(き)てみてもいいですか。

키떼 미떼모 이-데스까

사이즈를 알려 주시겠어요?

サイズを教(おし)えてもらえますか。

사이즈오 오시에떼 모라에마스까

라지예요.

L(エル)です。

에루데스

Tip

스몰	S (エス) [에스]
미디엄	M (エム) [에무]
엑스라지	XL (エックスエル) [엑꾸스에루]

피팅룸은 어디에 있어요?

試着室(しちゃくしつ)はどこにありますか。

시챠꾸시쯔와 도꼬니 아리마스까

딱 맞아요.

ぴったりです。

핏따리데스

껴요.

きついです。

키쯔이데스

헐렁해요.

だぶだぶです。

다부다부데스

커요.

おお
大きいです。
오 - 끼 - 데 스

작아요.

ちい
小さいです。
치 - 사 이 데 스

길어요.

なが
長いです。
나 가 이 데 스

짧아요.

みじか
短いです。
미 지 까 이 데 스

비쳐요.

す
透けています。
스 께 떼 이 마 스

좀 더 수수한 건 없나요?

すこ じ み
もう少し地味なものはありませんか。
모 - 스 꼬 시 지 미 나 모 노 와 아 리 마 셍 까

좀 더 캐주얼한 건 없나요?

すこ
もう少しカジュアルなものはありませんか。
모 - 스 꼬 시 카 쥬 아 루 나 모 노 와 아 리 마 셍 까

DAY 052

옷 가게에서 Ⅱ

MP3를 같이 들어보세요

색	色(いろ) 이로	줄무늬	ストライプ 스또라이뿌
물방울무늬	ドッド柄(がら) 돗도가라	물세탁	水洗(みずあら)い 미즈아라이
드라이클리닝	ドライクリーニング 도라이크리-닝구	실크	シルク 시루꾸

다른 색깔도 있어요?

ほかの色(いろ)もありますか。

호까노 이로모 아리마스까

이거 흰색도 있나요?

これ、白(しろ)もありますか。

코레 시로모 아리마스까

Tip

검은색	黒(くろ) [쿠로]	회색	グレー [그레-]
빨간색	赤(あか) [아까]	파란색	青(あお) [아오]
분홍색	ピンク [핑끄]	노란색	黄色(きいろ) [키이로]

줄무늬도 있어요?

ストライプもありますか。

스또라이뿌모 아리마스까

물방울무늬는 없나요?

ドッド柄(がら)はありませんか。

돗도가라와 아리마셍까

새 상품으로 주세요.

新(あたら)しい商品(しょうひん)でお願(ねが)いします。

아따라시- 쇼-힝데 오네가이시마스

실크 100%인가요?

シルク100%(ひゃくパーセント)ですか。

시루꾸 햐꾸파-센또데스까

면 100%인 것은 없어요?

綿100%(めんひゃくパーセント)のものはありませんか。

멩 햐꾸파-센또노 모노와 아리마셍까

이건 진짜 가죽인가요?

ほんがわ
これは本革ですか。
코레와 홍가와데스까

물세탁이 가능합니까?

みずあら
水洗いできますか。
미즈아라이 데끼마스까

드라이클리닝을 하셔야 합니다.

ドライクリーニングをしなければいけません。
도라이크리-닝구오 시나께레바 이께마셍

수선해 주실 수 있어요?

すんぽう なお
寸法を直してもらえますか。
슴뽀-오 나오시떼 모라에마스까

내일이면 됩니다.

あした
明日にはできます。
아시따니와 데끼마스

DAY 053

신발 가게에서

MP3를 같이 들어보세요

구두	靴(くつ) 쿠쯔	운동화	スニーカー 스니-까-
신다	はく 하꾸	힐, 굽	ヒール 히-루
디자인	デザイン 데자인	신상품	新商品(しんしょうひん) 신쇼-힝

나이키 신상품은 어디에 있어요?

しんしょうひん
ナイキの新商品はどこにありますか。
나이끼노 신쇼-힝와 도꼬니 아리마스까

이걸 한번 신어 보세요.

これをはいてみてください。
코레오 하이떼 미떼 쿠다사이

꽉 껴요.

きゅうくつ
窮屈です。
큐-꾸쯔데스

이거 230은 없어요?

にじゅうさん
これの23はありませんか。
코레노 니쥬-상와 아리마셍까

> **Tip**
> 일본에서는 발 사이즈를 잴 때 밀리미터(mm) 대신 센티미터(cm)를 사용합니다. 따라서 사이즈 230(mm)일 경우 23(cm)이라고 하면 됩니다.

굽이 높은 것은 없어요?

たか
ヒールの高いものはありませんか。
히-루노 타까이 모노와 아리마셍까

이 디자인으로 검은색은 없나요?

くろ
このデザインで、黒はありませんか。
코노 데자인데 쿠로와 아리마셍까

DAY 054

전자제품점에서

MP3를 같이 들어보세요

노트북	ノートパソコン 노-또파소꼰	디지털카메라	デジカメ 데지카메
프라모델	プラモデル 프라모데루	피규어	フィギュア 휘규아
건담	ガンダム 간다무	장난감	おもちゃ 오모챠

조금 무겁네요.

おも
ちょっと重いですね。
쫏또 오모이데스네

Tip
크다 大(おお)きい [오-끼이]
작다 小(ちい)さい [치-사이]
가볍다 軽(かる)い [카루이]

신제품을 보여 주세요.

しんせいひん み
新製品を見せてください。
신세-힝오 미세떼 쿠다사이

220볼트에서도 사용할 수 있어요?

にひゃくにじゅうボルト つか
220Vでも使えますか。
니햐꾸니쥬-보루또데모 쯔까에마스까

어떻게 사용해요?

つか
どうやって使いますか。
도-얏떼 쯔까이마스까

이것을 누르기만 하면 됩니다.

お
これを押すだけです。
코레오 오스다께데스

피규어는 몇 층에 있어요?

なんがい
フィギュアは何階にありますか。
휘규아와 난가이니 아리마스까

건담은 어디에 있어요?

ガンダムはどこにありますか。
간다무와 도꼬니 아리마스까

마음에 들다	気に入る (き い) 키니 이루	잘 팔리다	よく売れる (う) 요꾸 우레루
인기가 있다	人気がある (にんき) 닌끼가 아루	일본제	日本製 (にほんせい) 니혼세-
다른 것	他のもの (ほか) 호까노모노	생각하다	考える (かんが) 캉가에루

마음에 들어요.

気に入りました。

키니 이리마시따

좀 생각해 볼게요.

ちょっと考えます。

쫏또 캉가에마스

좀 둘러보고 다시 올게요.

ちょっと回ってから、また来ます。

쫏또 마왓떼까라 마따 키마스

다른 걸 보여 주세요.

他のものを見せてください。

호까노모노오 미세떼 쿠다사이

요즘 인기 있는 상품이에요.

最近、人気の商品です

사이낑 닌끼노 쇼-힝데스

잘 나가고 있어요.

よく売れています。

요꾸 우레떼 이마스

일본제 물건은 없나요?

日本製のものはありませんか。

니혼세-노 모노와 아리마셍까

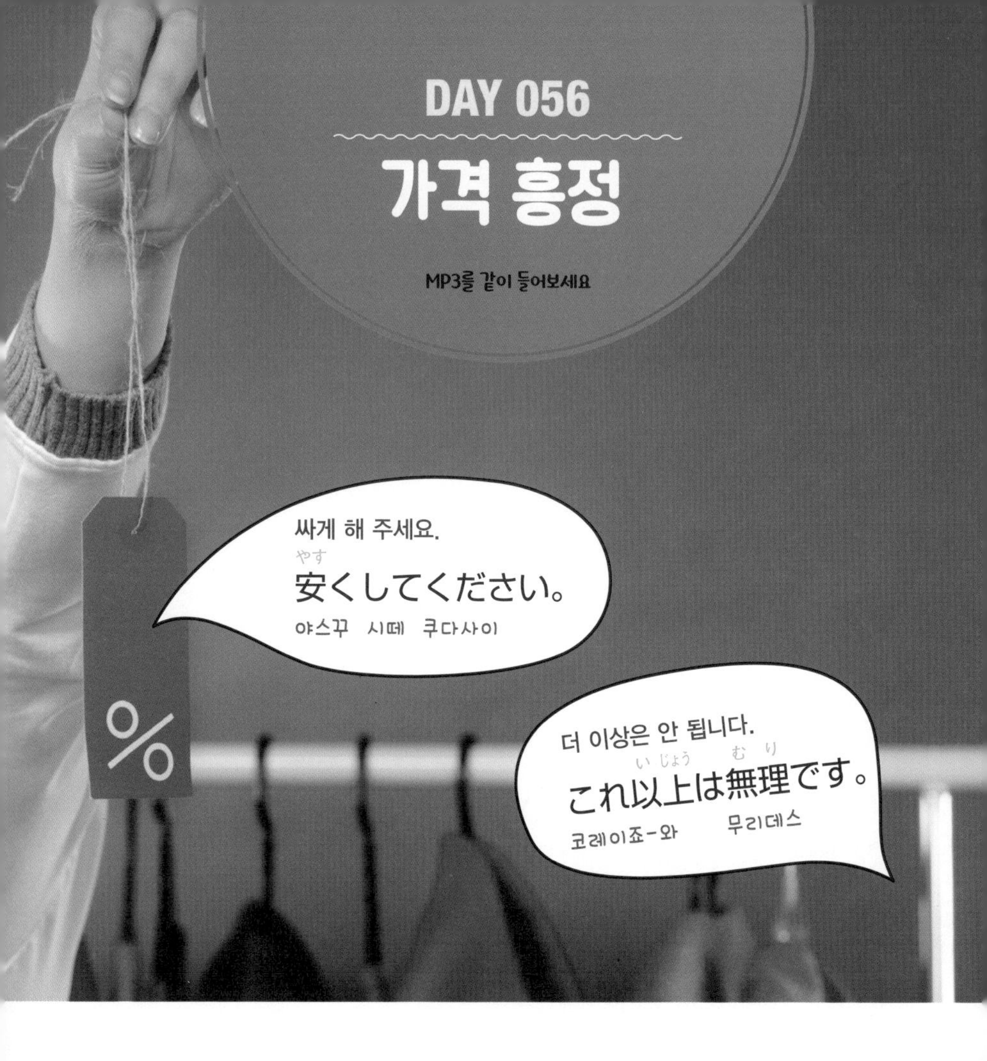

비싸다	高(たか)い 타까이	싸다	安(やす)い 야스이
정가 판매	定価販売(ていかはんばい) 테-까함바이	가격 인하	値引(ねび)き 네비끼
세일	セール 세-루		

비싸요.

たか
高いです。
타 까 이 데 스

싸요.

やす
安いです。
야 스 이 데 스

돈이 이것밖에 없어요.

かね
お金がこれだけしかありません。
오 카 네 가 코 레 다 께 시 까 아 리 마 셍

정가 판매여서 깎아 드릴 수가 없어요.

ていか はんばい ねび
定価販売なので、値引きはできません。
테 - 까 함 바 이 나 노 데 네 비 끼 와 데 끼 마 셍

좀 더 싼 것은 없어요?

すこ やす
もう少し安いものはありませんか。
모 - 스 꼬 시 야 스 이 모 노 와 아 리 마 셍 까

지금 세일하나요?

いま ちゅう
今、セール中ですか。
이 마 세 - 루 츄 - 데 스 까

1,000엔 정도 하는 것은 없어요?

せん えん
1,000円くらいのものはありませんか。
셍 엔 쿠 라 이 노 모 노 와 아 리 마 셍 까

변경	変更(へんこう) 헹꼬-	반품	返品(へんぴん) 헴삥
교환	交換(こうかん) 코-깡	교체	取(と)り替(か)え 토리카에
바꾸다	替(か)える 카에루		

다른 것으로 바꿔 주세요.

ほか　　　か
他のものと替えてください。
호까노모노또　카에떼　쿠다사이

다른 색깔로 바꿔 주세요.

ほか　いろ　か
他の色と替えてください。
호까노 이로또 카에떼　쿠다사이

반품하고 싶은데요.

へんぴん
返品したいんですが。
헴삥시따인데스가

교환해 주세요.

こうかん
交換してください。
코-깐시떼　쿠다사이

영수증을 잃어버렸어요.

りょうしゅうしょ
領収書をなくしてしまいました。
료-슈-쇼오　나꾸시떼　시마이마시따

죄송합니다.

もう　わけ
申し訳ございません。
모-시와께고자이마셍

영수증이 없으면 교환해 드릴 수 없습니다.

りょうしゅうしょ　　　こうかん
領収書がなければ交換はできません。
료-슈-쇼가　나께레바　코-깡와　데끼마셍

DAY 058

환불하기

MP3를 같이 들어보세요

환불	へんきん 返金 헹낀	환불	はら もど 払い戻し 하라이모도시
고장	こわ 壊れ 코와레	불량품	ふ りょうひん 不良品 후료-힌
작동하다	うご 動く 우고꾸	지불하다	し はら 支払う 시하라우

고장 나 있었어요.

こわ
壊れていました。
코와레떼 이마시따

전혀 작동하지 않아요.

うご
ぜんぜん動きません。
젠젠 우고끼마셍

불량품입니다.

ふ りょうひん
不良品です。
후료-힌데스

환불해 주시겠어요?

へんきん
返金してもらえますか。
헹낀시떼 모라에마스까

환불 가능한가요?

はら もど
払い戻しできますか。
하라이모도시 데끼마스까

현금으로 계산하셨나요, 신용카드로 하셨나요?

げんきん し はら
現金とカード、どちらで支払われましたか。
겡낑또 카-도 도찌라데 시하라와레마시따까

신용카드로 계산했어요.

はら
カードで払いました。
카-도데 하라이마시따

한국어	일본어	한국어	일본어
얼마	いくら 이꾸라	세금 포함	ぜいこ 税込み 제-코미
가격	ねだん 値段 네단	면세	めんぜい 免税 멘제-
거스름돈	かえ お返し 오카에시	구입	こうにゅう 購入 코-뉴-

세금이 포함된 가격이에요?

ぜいこ　ねだん
税込みの値段ですか。
제-코미노 네단데스까

면세 되나요?

めんぜい
免税できますか。
멘제- 데끼마스까

5,000엔 이상 구매하시면 면세가 됩니다.

ごせん　えん　いじょうこうにゅう　めんぜい
5,000円以上購入しますと、免税になります。
고셍엔 이죠- 코-뉴-시마스또 멘제-니 나리마스

같이 계산하실 건가요?

いっしょ
ご一緒でよろしいですか。
고잇쇼데 요로시-데스까

전부 얼마죠?

ぜんぶ
全部でいくらですか。
젬부데 이꾸라데스까

모두 12,000엔입니다.

ぜんぶ　いちまんにせんえん
全部で12,000円です。
젬부데 이찌망니셍엔데스

거스름돈 1,520엔입니다.

せんごひゃくにじゅうえん　かえ
1,520円のお返しになります。
셍고햐꾸니쥬-엔노 오카에시니 나리마스

DAY 060

포장 요청

MP3를 같이 들어보세요

포장	ほうそう 包装 호-소-	싸다, 포장하다	つつ 包む 쯔쯔무
랩핑, 포장	ラッピング 랍삥구	포장지	ほうそう し 包装紙 호-소-시
종이백	かみぶくろ 紙袋 카미부꾸로	상자	はこ 箱 하꼬

포장해 주세요.

ほうそう
包装してください。
호-소-시떼 쿠다사이

포장은 무료예요?

むりょう
ラッピングは無料ですか。
랍삥구와 무료-데스까

포장지는 어떤 색이 좋으세요?

ほうそうし いろ
包装紙はどんな色がいいですか。
호-소-시와 돈나 이로가 이-데스까

이 색깔로 해 주세요.

いろ
この色にしてください。
코노 이로니 시떼 쿠다사이

선물용 상자에 넣어 주세요.

よう はこ い
プレゼント用の箱に入れてください。
프레젠또요-노 하꼬니 이레떼 쿠다사이

종이백에 넣어 주세요.

かみぶくろ い
紙袋に入れてください。
카미부꾸로니 이레떼 쿠다사이

같이 포장해 주세요.

いっしょ つつ
一緒に包んでください。
잇쇼니 쯔쯘데 쿠다사이

P!
ピップ
7-8F
頭上に!
雪印メグミルク
おいしさと健康
Glico
グリコ
3DS
11.28
狩猟解禁
TSUTAYA
雪印メグミルク
店舗情報館
ピタットハウス
LOTTERIA
たこ焼き
壱番

SMBC
CONSUMER
FINANCE
かせに
改源
戸 堂
CHINTA
www.chintai.net
検索
広告募集中
06-6262-1313
広告募集
06-6262-1313
広告主募集中
06-6281-1717
鳥治食
http://www.torij
2F
information
TAX FREE!

PART 5

관광 즐기기

DAY 061

여행상품 문의

MP3를 같이 들어보세요

관광 투어	かんこう 観光ツアー 캉꼬-쯔아-	1박 코스	いっぱく 1泊コース 입빠꾸 코-스
반나절 코스	はんにち 半日コース 한니찌 코-스	하루 코스	いちにち 1日コース 이찌니찌 코-스
버스 투어	バスツアー 바스쯔아-	야간 투어	ナイトツアー 나이또쯔아-

관광 투어에 참여하고 싶은데요.

かんこう　さんか
観光ツアーに参加したいんですが。
캉꼬－쯔아－니 상까시따인데스가

어떤 투어가 있습니까?

どんなツアーがありますか。
돈나 쯔아－가 아리마스까

반나절 코스의 시내 관광이 있습니다.

はんにち　しないかんこう
半日コースの市内観光があります。
한니찌 코－스노 시나이캉꼬－가 아리마스

인기 있는 투어를 소개해 주세요.

にんき　しょうかい
人気のあるツアーを紹介してください。
닌끼노 아루 쯔아－오 쇼－까이시떼 쿠다사이

하코네 1박 코스는 어떠세요?

はこね　いっぱく
箱根の1泊コースはいかがですか。
하꼬네노 입빠꾸 코－스와 이까가데스까

도쿄만 크루즈가 인기 있어요.

とうきょうわん　にんき
東京湾クルーズが人気があります。
토－꾜－왕 쿠루－즈가 닌끼가 아리마스

하루 코스는 있습니까?

いちにち
1日コースはありますか。
이찌니찌 코－스와 아리마스까

DAY 062

관광 정보 묻기

MP3를 같이 들어보세요

관광 안내소	かんこうあんないしょ 観光案内所 캉꼬-안나이쇼	시내 지도	しないちず 市内地図 시나이치즈
팸플릿	パンフレット 팜후렛또	구경	けんぶつ 見物 켄부쯔
볼 만한 곳	み 見どころ 미도꼬로	당일치기	ひがえ 日帰り 히가에리

시내 구경을 하고 싶은데요.

しない　けんぶつ
市内の見物をしたいんですが。
시나이노 켐부쯔오 시따인데스가

무료 시내 지도는 있어요?

むりょう　しないちず
無料の市内地図はありますか。
뮤료-노 시나이치즈와 아리마스까

팸플릿은 있나요?

パンフレットはありますか。
팜후렛또와 아리마스까

관광 안내소는 어디예요?

かんこうあんないしょ
観光案内所はどこですか。
캉꼬-안나이쇼와 도꼬데스까

여기서 볼 만한 곳을 알려 주세요.

み　おし
ここの見どころを教えてください。
코꼬노 미도꼬로오 오시에떼 쿠다사이

당일치기로 어디에 갈 수 있나요?

ひがえ　い
日帰りではどこへ行けますか。
히가에리데와 도꼬에 이께마스까

여기서 유명한 음식은 뭐예요?

ゆうめい　た　もの　なん
ここで有名な食べ物は何ですか。
코꼬데 유-메-나 타베모노와 난데스까

전망대	てんぼうだい 展望台 템보-다이	공원	こうえん 公園 코-엔
성	しろ 城 시로	신사	じんじゃ 神社 진쟈
박물관	はくぶつかん 博物館 하꾸부쯔깡	수족관	すいぞくかん 水族館 스이조꾸깡

시간은 얼마나 걸려요?

じかん
時間はどのぐらいかかりますか。
지깡와 도노구라이 카까리마스까

몇 시까지 해요?

なんじ あ
何時まで開いていますか。
난지마데 아이떼 이마스까

저 건물은 뭐예요?

たてもの なん
あの建物は何ですか。
아노 타떼모노와 난데스까

전망대는 있나요?

てんぼうだい
展望台はありますか。
템보-다이와 아리마스까

언제쯤 세워졌어요?

た
いつごろ建てられましたか。
이쯔고로 타떼라레마시따까

안에 들어갈 수 있나요?

なか はい
中に入れますか。
나까니 하이레마스까

기념으로 뭔가 사고 싶은데요.

きねん なに か
記念に何か買いたいんですが。
키넨니 나니까 카이따인데스가

DAY 064

온천 즐기기

MP3를 같이 들어보세요

한국어	일본어	발음
온천	温泉 (おんせん)	온셍
노천탕	露天風呂 (ろてんぶろ)	로뗌부로
입욕료	入浴料 (にゅうよくりょう)	뉴-요꾸료-
족욕	足湯 (あしゆ)	아시유
혼욕	混浴 (こんよく)	콩요꾸
매끈매끈	つるつる	쯔루쯔루

이 근처에 온천이 있나요?

ちか　おんせん
この近くに温泉がありますか。
코노 치까꾸니 온셍가 아리마스까

그 온천은 어떤 효과가 있어요?

おんせん　こうのう
その温泉は、どんな効能がありますか。
소노 온셍와 돈나 코-노-가 아리마스까

관절염에 좋아요.

かんせつえん
関節炎にいいです。
칸세쯔엔니 이-데스

피부가 매끈매끈해져요.

はだ
肌がつるつるになります。
하다가 쯔루쯔루니 나리마스

노천탕은 있어요?

ろてんぶろ
露天風呂はありますか。
로뗌부로와 아리마스까

입욕료는 얼마죠?

にゅうよくりょう
入浴料はいくらですか。
뉴-요꾸료-와 이꾸라데스까

입장료	にゅうじょうりょう 入場料 뉴-죠-료-	놀이기구	アトラクション 아또락숀
퍼레이드	パレード 파레-도	대기 시간	ま じかん 待ち時間 마찌지깡
패스트 패스	ファストパス 화스또파스	익스프레스 패스	エクスプレスパス 엑스프레스파스

입장료는 얼마예요?

にゅうじょうりょう
入場料はいくらですか。
뉴-죠-료-와 이꾸라데스까

이거 타려면 어느 정도 기다려야 해요?

まじかん
これの待ち時間はどのくらいですか。
코레노 마찌지깡와 도노쿠라이데스까

퍼레이드는 몇 시부터예요?

なんじ
パレードは何時からですか。
파레-도와 난지까라데스까

몇 시까지 해요?

なんじ
何時までですか。
난지마데데스까

가장 인기 있는 놀이기구는 뭐예요?

いちばんにんき なん
一番人気のアトラクションは何ですか。
이찌방 닌끼노 아또락숑와 난데스까

역시 롤러코스터지요.

やはりジェットコースターですね。
야하리 젯또코-스따-데스네

DAY 066

공연 정보 묻기

MP3를 같이 들어보세요

영화	えいが 映画 에-가	공연	こうえん 公演 코-엥
연극	えんげき 演劇 엥게끼	가부키	かぶき 歌舞伎 카부끼
가부키 극장	かぶきざ 歌舞伎座 카부끼자	매진	う き 売り切れ 우리키레

이 근처에 영화관이 있어요?

ちか　えいがかん
この近くに映画館がありますか。
코노 치까꾸니 에-가깡가 아리마스까

지금 가장 인기 있는 공연은 뭐예요?

いま　いちばんにんき　こうえん　なん
今、一番人気のある公演は何ですか。
이마 이찌방 닌끼노 아루 코-엥와 난데스까

지금 어떤 연극이 상연 중이에요?

いま　えんげき
今、どんな演劇をやっていますか。
이마 돈나 엥게끼오 얏떼 이마스까

다음 편은 몇 시 시작이에요?

なんじ　はじ
つぎは何時から始まりますか。
쯔기와 난지까라 하지마리마스까

가부키를 보고 싶은데요.

かぶき　み
歌舞伎を観たいんですが。
카부끼오 미따인데스가

몇 시 공연이 있나요?

なんじ　こうえん
何時の公演がありますか。
난지노 코-엥가 아리마스까

마침 매진입니다.

う　き
あいにく売り切れです。
아이니꾸 우리키레데스

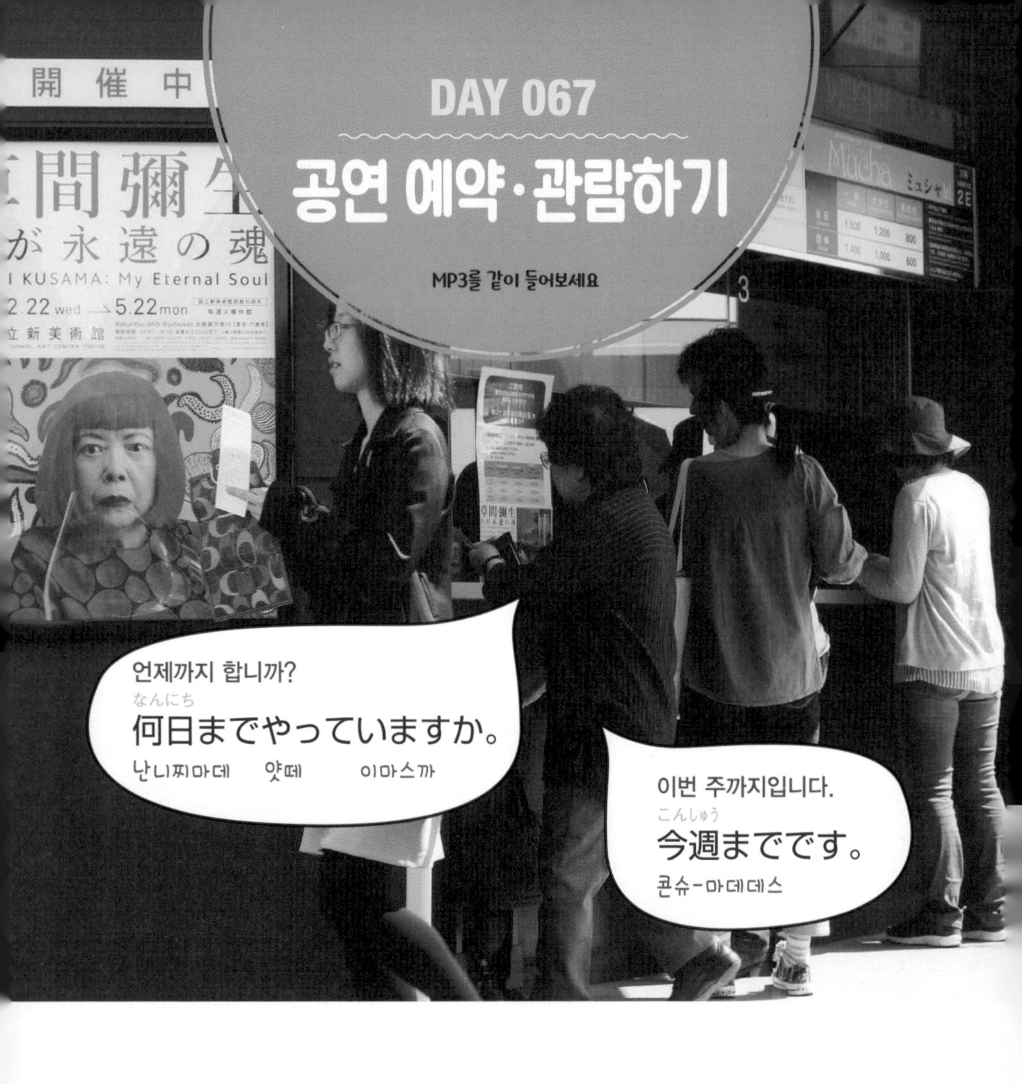

예약	よやく 予約 요야꾸	자리	せき 席 세끼
~매, ~장	まい ~枚 마이	앞	まえ 前 마에
중간	まなか 真ん中 만나까	뒤	うし 後ろ 우시로

일요일 공연을 예약하고 싶은데요.

にちようび　こうえん　よやく

日曜日の公演を予約したいんですが。

니찌요-비노 코-엥오 요야꾸시따인데스가

가장 싼 자리는 얼마인가요?

いちばんやす　せき

一番安い席はいくらですか。

이찌방 야스이 세끼와 이꾸라데스까

2시 30분으로 두 장 주세요.

にじはん　にまい

２時半のチケットを２枚ください。

니지한노 치껫또오 니마이 쿠다사이

어떤 좌석으로 드릴까요?

せき

どんな席がよろしいですか。

돈나 세끼가 요로시-데스까

앞 자리로 주세요.

まえ　せき　ねが

前の席でお願いします。

마에노 세끼데 오네가이시마스

재밌었어요.

おもしろかったです。

오모시로깟따데스

또 보고 싶네요.

み

また観たいですね。

마따 미따이데스네

프로야구	プロ野球(やきゅう) 푸로야뀨-	도쿄돔	東京(とうきょう)ドーム 토-꾜-도-무
고교 야구 대회, 고시엔 구장	甲子園(こうしえん) 코-시엔	축구	サッカー 삭까-
J 리그 (일본 축구 리그)	Jリーグ(ジェー) 제- 리-그	경기, 시합	試合(しあい) 시아이

예약은 가능합니까?

よ やく
予約はできますか。
요 야 꾸 와 데 끼 마 스 까

7월 20일 경기로 예약해 주세요.

しちがつ はつか しあい よやく
7月20日の試合を予約してください。
시찌가쯔 하 쯔 까 노 시 아 이 오 요 야 꾸 시 떼 쿠 다 사 이

오늘 프로야구 경기가 있나요?

きょう やきゅう しあい
今日、プロ野球の試合はありますか。
쿄- 푸 로 야 뀨 - 노 시 아 이 와 아 리 마 스 까

어느 팀의 경기예요?

しあい
どのチームの試合ですか。
도 노 치 - 무 노 시 아 이 데 스 까

교진(자이언츠)과 한신(타이거즈)의 경기입니다.

きょじん はんしん しあい
巨人と阪神の試合です。
쿄 진 또 한 신 노 시 아 이 데 스

몇 시부터 시작해요?

なんじ はじ
何時から始まりますか。
난 지 까 라 하 지 마 리 마 스 까

이 팀의 열렬한 팬이에요.

だい
このチームの大ファンなんです。
코 노 치 - 무 노 다 이 환 난 데 스

DAY 069

가라오케 즐기기

MP3를 같이 들어보세요

노래방	カラオケ 가라오께	마이크	マイク 마이꾸
신곡	しんきょく 新曲 신꾜꾸	노래	うた 歌 우따
18번	じゅうはちばん 18番 쥬-하찌방	연장	えんちょう 延長 엔-쵸-

한 시간에 얼마예요?

いちじかん

1時間、いくらですか。

이찌지깡 이꾸라데스까

한 사람에 얼마예요?

ひとり

一人、いくらですか。

히또리 이꾸라데스까

한국 노래는 있어요?

かんこく うた

韓国の歌はありますか。

캉꼬꾸노 우따와 아리마스까

한 시간 연장하고 싶은데요.

いちじかん えんちょう

1時間、延長したいんですが。

이찌지깡 엔-쵸-시따인데스가

마이크 상태가 안 좋아요.

ちょうし わる

マイクの調子が悪いです。

마이꾸노 쵸-시가 와루이데스

번호를 입력했는데도 노래가 나오지 않아요.

ばんごう い うた はじ

番号を入れたのに、歌が始まりません。

방고-오 이레따노니 우따가 하지마리마셍

마이크를 하나 더 주세요.

マイクをもうひとつください。

마이꾸오 모-히또쯔 쿠다사이

DAY 070

사진 촬영 I

MP3를 같이 들어보세요

사진	しゃしん 写真 샤싱	(사진을) 찍다	と 撮る 토루
버튼	ボタン 보땅	스마트폰	スマホ 스마호
치즈	チーズ 치-즈	한 번 더	いちど もう一度 모-이찌도

죄송하지만, 사진 좀 찍어 주실래요?

しゃしん　と

すみませんが、写真を撮ってもらえますか。

스 미 마 셍 가　샤 싱 오　톳 떼　모 라 에 마 스 까

이 버튼을 누르기만 하면 됩니다.

お

このボタンを押すだけです。

코 노　보 땅 오　오 스 다 께 데 스

한 번 더 찍어 주세요.

いちど　ねが

もう一度お願いします。

모 - 이 찌 도　오 네 가 이 시 마 스

한 장 더 부탁합니다.

いちまい　ねが

もう１枚お願いします。

모 - 이 찌 마 이　오 네 가 이 시 마 스

이 스마트폰으로도 찍어 주실래요?

と

このスマホでも、撮ってもらっていいですか。

코 노　스 마 호 데 모　톳 떼　모 랏 떼　이 - 데 스 까

함께 사진을 찍어도 될까요?

いっしょ　しゃしん　と

一緒に写真を撮ってもらえますか。

잇 쇼 니　샤 싱 오　톳 떼　모 라 에 마 스 까

렌즈	レンズ 렌즈	전신	ぜんしん 全身 젠신
상반신	じょうはんしん 上半身 죠-한신	배경	はいけい 背景 하이께-
플래시	フラッシュ 후랏슈	찍히다	うつ 写る 우쯔루

네, 찍을게요.

はい、撮(と)ります。

하이 토리마스

움직이지 마세요.

動(うご)かないでください。

우고까나이데 쿠다사이

다리는 안 나오게 찍어 주세요.

足(あし)は写(うつ)らないようにしてください。

아시와 우쯔라나이 요-니 시떼 쿠다사이

전신을 다 넣어 주세요.

全身(ぜんしん)が入(はい)るようにしてください。

젠신가 하이루 요-니 시떼 쿠다사이

저 배경이 나오게 찍어 주실래요?

あの背景(はいけい)が写(うつ)るように撮(と)ってもらえますか。

아노 하이께-가 우쯔루요-니 톳떼 모라에마스까

저 건물을 넣어 주세요.

あの建物(たてもの)を入(い)れてください。

아노 타떼모노오 이레떼 쿠다사이

플래시를 터뜨리지 말아 주세요.

フラッシュをたかないでください。

후랏슈오 타까나이데 쿠다사이

づぼらや
名物
てっちり
安うて何んでも旨いで
珍味てっちり
づぼらや本店
ふぐ料理専門
ふぐなら日本一
づぼらや
ふぐなら日本一
弁天コース
一人前 5,400円
恵比寿コース
8,600円
5,400円
9-22

PART 6

음식 주문하기

만석	まんせき 満席 만세끼	몇 분	なんめいさま 何名様 난메-사마
창가	まどぎわ 窓際 마도기와	안쪽	おく 奥のほう 오꾸노호-
흡연석	きつえんせき 喫煙席 키쯔엔세끼	금연석	きんえんせき 禁煙席 킹엔세끼

몇 분이세요?

なんめいさま
何名様ですか。
난메-사마데스까

4명입니다.

よにん
4人です。
요닝데스

Tip

1명	1人(ひとり) [히또리]
2명	2人(ふたり) [후따리]
3명	3人(さんにん) [산닝]
5명	5人(ごにん) [고닝]
10명	10人(じゅうにん) [쥬-닝]

어떤 자리로 하시겠습니까?

せき
どのような席がよろしいですか。
도노요-나 세끼가 요로시-데스까

창가 자리로 주세요.

まどぎわ せき
窓際の席にしてください。
마도기와노 세끼니 시떼 쿠다사이

회전초밥집을 예약하고 싶은데요.

かいてんずしてん よやく
回転寿司店を予約したいんですが。
카이뗀즈시뗑오 요야꾸시따인데스가

저희 가게는 예약을 받지 않습니다.

とうてん よやく うけたまわ
当店では、ご予約を承っておりません。
토-뗀데와 고요야꾸오 우께따마왓떼 오리마셍

DAY 073

음식점 앞에서

MP3를 같이 들어보세요

성함	お名前(なまえ) 오나마에	일행	お連(つ)れ 오쯔레
분, 사람	方(かた) 카따	한 사람 더	もう一人(ひとり) 모-히또리
얼마나	どのくらい 도노쿠라이	기다리다	待(ま)つ 마쯔

성함이 어떻게 되세요?

なまえ
お名前をうかがえますか。
오나마에오 우까가에마스까

일행분이 더 있습니까?

つ かた
お連れの方がいらっしゃいますか。
오쯔레노 카따가 이랏샤이마스까

네, 한 사람 더 올 거예요.

ひとり き
はい、もう一人来ます。
하이 모- 히또리 키마스

얼마나 기다려야 하죠?

ま
どのくらい待ちますか。
도노쿠라이 마찌마스까

그럼, 기다릴게요.

ま
では、待ちます。
데와 마찌마스

이쪽으로 오세요.

こちらへどうぞ。
코찌라에 도-조

Tip
どうぞ는 상대방에게 무엇을 권하거나 부탁할 때 사용되는 공손한 말이에요. '부디', '아무쪼록' 외에도 '오세요', '드세요', '마셔요', '먼저 하세요', '가세요', '받으세요' 등등 상황에 따라 여러 가지 뜻으로 쓰입니다.

예약은 안 했는데요.

よやく
予約はしてないんですが。
요야꾸와 시떼 나인데스가

메뉴	メニュー 메뉴-	주문	注文(ちゅうもん) 츄-몽
결정	決(き)まり 키마리	잠시 후에	ちょっと後(あと)で 쫏또 아또데
식권	食券(しょっけん) 쇽껭	자동판매기	自動販売機(じどうはんばいき) 지도-함바이끼

한국어로 된 메뉴판 있어요?

かんこく ご
韓国語のメニューはありますか。
캉꼬꾸고노 메뉴-와 아리마스까

주문하시겠습니까?

ちゅうもん き
ご注文はお決まりですか。
고츄-몽와 오키마리데스까

잠시 후에 할게요.

あと
ちょっと後でします。
쫏또 아또데 시마스

주문 받아 주세요.

ちゅうもん ねが
注文、お願いします。
츄-몽 오네가이시마스

식권을 사세요.

しょっけん か
食券を買ってください。
쇽껭오 캇떼 쿠다사이

식권은 어디에서 사요?

しょっけん か
食券はどこで買えますか。
쇽껭와 도꼬데 카에마스까

저쪽 자동판매기에서 살 수 있습니다.

じ どうはんばい き か
あちらの自動販売機で買えます。
아찌라노 지도-함바이끼데 카에마스

추천	おすすめ 오스스메	특별 메뉴	とくべつ 特別メニュー 토꾸베쯔 메뉴-
매일 바뀜	ひ が 日替わり 히가와리	점심, 런치	ランチ 란찌
코스	コース 코-스	디저트, 후식	デザート 데자-또

옆 테이블에서 먹는 음식은 뭐예요?

となりのテーブルの料理(りょうり)は何(なん)ですか。

토나리노 테-부루노 료-리와 난데스까

이 음식은 일본어로 이름이 뭐예요?

この料理(りょうり)は日本語(にほんご)で何(なん)と言(い)いますか。

코노 료-리와 니홍고데 난또 이-마스까

오늘의 특별 메뉴는 뭐예요?

今日(きょう)の特別(とくべつ)メニューは何(なん)ですか。

쿄-노 토꾸베쯔 메뉴-와 난데스까

추천 음식은 뭐예요?

おすすめ料理(りょうり)は何(なん)ですか。

오스스메 료-리와 난데스까

점심 세트 메뉴는 뭐예요?

日替(ひが)わりランチは何(なん)ですか。

히가와리 란찌와 난데스까

코스 요리도 있나요?

コース料理(りょうり)もありますか。

코-스료-리모 아리마스까

후식으로 뭐가 나와요?

デザートで何(なに)が出(で)ますか。

데자-또데 나니가 데마스까

DAY 076

음식 주문

MP3를 같이 들어보세요

같은 것	同(おな)じもの 오나지모노	고기	肉(にく) 니꾸
굽기, 굽는 정도	焼(や)き加減(かげん) 야끼카겡	웰던, 바싹 익힘	ウェルダム 웨루다무
미디엄, 중간 익힘	ミディアム 미디아무	레어, 덜 익힘	レアー 레아ー

이걸로 할게요.

これにします。

코레니 시마스

같은 것으로 주세요.

同(おな)じものをください。

오나지모노오 쿠다사이

디저트는 됐어요.

デザートはけっこうです。

데자-또와 켁꼬-데스

고기는 어떻게 익혀 드릴까요?

お肉(にく)の焼(や)き加減(かげん)はいかがなさいますか。

오니꾸노 야끼카겐와 이까가 나사이마스까

잘 익혀 주세요. (웰던으로 해 주세요)

ウェルダムでお願(ねが)いします。

웨루다무데 오네가이시마스

더 필요하신 건 없습니까?

他(ほか)のものは、よろしいでしょうか。

호까노모노와 요로시-데쇼-까

와사비는 빼주세요.

ワサビは抜(ぬ)いてください。

와사비와 누이떼 쿠다사이

마늘	にんにく	[닌니꾸]
양파	たまねぎ	[타마네기]
오이	きゅうり	[큐-리]

일본 음식 메뉴판

ラーメン 라면
라 - 멩

うどん 우동
우 동

そば 소바(메밀국수)
소 바

カレー 카레
카 레 -

ぎゅうどん
牛丼 규동(쇠고기 덮밥)
규 - 동

うなじゅう 장어구이 덮밥
우 나 쥬 -

てんぷら 덴푸라
템 뿌 라

とんかつ 돈가스
톤 까 쯔

さしみ 생선회
사 시 미

すし 초밥
스 시

すきやき 스키야키
스 끼 야 끼

しゃぶしゃぶ 샤브샤브
샤 부 샤 부

やきそば 야키소바
야 끼 소 바

やきにく 야키니쿠
야 끼 니 꾸

たこやき 타코야키
타 꼬 야 끼

お好(この)みやき 오코노미야키
오 코 노 미 야 끼

DAY 077

추가 요청

MP3를 같이 들어보세요

한국어	일본어	한국어	일본어
한 그릇 더	おかわり 오카와리	하나 더	もうひとつ 모-히또쯔
물수건	おしぼり 오시보리	냅킨	紙(かみ)ナプキン 카미나뿌낑
개인용 접시	取(と)り皿(ざら) 토리자라	젓가락	はし 하시

메뉴판을 다시 한번 보여 주세요.

もう一度(いちど)メニューを見(み)せてください。

모-이찌도 메뉴-오 미세떼 쿠다사이

이거 하나 더 주세요.

これをもうひとつください。

코레오 모-히또쯔 쿠다사이

냅킨 좀 주세요.

紙(かみ)ナプキンをください。

카미나뿌낑오 쿠다사이

물수건 주세요.

おしぼりください。

오시보리 쿠다사이

개인용 접시 두 개 주세요.

取(と)り皿(ざら)をふたつください。

토리자라오 후따쯔 쿠다사이

젓가락 더 주시겠어요?

おはし、もっともらえますか。

오하시 못또 모라에마스까

이것 치워 주세요.

これを片付(かたづ)けてください。

코레오 카따즈께떼 쿠다사이

머리카락	かみ け 髪の毛 카미노케	맛	あじ 味 아지
이상함	へん 変 헹	바꾸다	と か 取り替える 토리카에루
접시	さら 皿 사라	더러워지다	よご 汚れる 요고레루

제가 주문한 게 아닌데요.

わたし　ちょうもん
私が注文したものじゃありませんが。
와따시가 츄-몬시따 모노쟈 아리마셍가

주문한 요리가 아직 안 나왔어요.

ちょうもん　りょうり　き
注文した料理がまだ来ません。
츄-몬시따 료-리가 마다 키마셍

음식에 뭐가 들어 있어요.

りょうり　なに　はい
料理に何か入っています。
료-리니 나니까 하잇떼 이마스

머리카락이 들어 있었어요.

かみ　け　はい
髪の毛が入っていました。
카미노케가 하잇떼 이마시따

이 음식 맛이 이상해요.

りょうり　あじ　へん
この料理の味が変です。
코노 료-리노 아지가 헹데스

이거 바꿔 주세요.

と　か
これ、取り替えてください。
코레 토리카에떼 쿠다사이

접시에 뭐가 묻었어요. (접시가 지저분해요.)

さら　よご
皿が汚れています。
사라가 요고레떼 이마스

DAY 079

계산하기

MP3를 같이 들어보세요

계산	お会計 (かいけい) 오카이께-	계산, 돈을 냄	お勘定 (かんじょう) 오칸죠-
각자 부담	割り勘 (わ かん) 와리깡	선불	前払い (まえばら) 마에바라이
영수증	レシート 레시-또	지불하다	払う (はら) 하라우

계산해 주세요.

かいけい　ねが
お会計、お願いします
오카이께- 오네가이시마스

계산서 주세요.

かんじょう　ねが
お勘定、お願いします。
오칸죠- 오네가이시마스

여기서 지불해도 돼요?

はら
ここで払えますか。
코꼬데 하라에마스까

따로따로 계산하고 싶은데요.

べつべつ　はら
別々に払いたいんですが。
베쯔베쯔니 하라이따인데스가

영수증 주시겠어요?

レシートをもらえますか。
레시-또오 모라에마스까

선불입니다.

まえばら
前払いになります。
마에바라이니 나리마스

DAY 080

포장·계산 오류

MP3를 같이 들어보세요

싸다, 포장하다	包(つつ)む 쯔쯔무	남다	残(のこ)る 노꼬루
가지고 감	持(も)ち帰(かえ)り 모찌카에리	계산	計算(けいさん) 케-산
틀리다, 잘못되다	間違(まちが)う 마찌가우	잔돈	おつり 오쯔리

이것 좀 싸 주실래요?

つつ

これ、包んでくださいますか。

코레 쯔쭌데 쿠다사이마스까

남은 것 좀 포장해 가고 싶은데요.

のこ も かえ

残ったものを持ち帰りたいんですが。

노꼿따 모노오 모찌카에리따인데스가

계산이 이상한 것 같은데요.

けいさん

計算がおかしいようですが。

케-산가 오까시- 요-데스가

계산이 틀린 것 같은데요.

けいさん まちが

計算が間違っているようですが。

케-산가 마찌갓떼이루 요-데스가

거스름돈이 잘못된 것 같은데요.

まちが

おつりが間違っているようですが。

오쯔리가 마찌갓떼이루 요-데스가

영수증 주시겠어요?

りょうしゅうしょ

領収書、もらえますか。

료-슈-쇼 모라에마스까

아직 잔돈을 받지 않았어요.

まだ、おつりをもらっていません。

마다 오쯔리오 모랏떼 이마셍

DAY 081

음식 맛 표현

MP3를 같이 들어보세요

맛있다	おいしい 오이시-	맛없다	まずい 마즈이
짜다	しょっぱい 쇼빠이	달다	あまい 아마이
쓰다	にがい 니가이	맵다	からい 카라이

맛있어 보이네요.

おいしそうですね。

오 이 시 소 - 데 스 네

맛있었어요.

おいしかったです。

오 이 시 깟 따 데 스

조금 짜요.

ちょっとしょっぱいです。

쫏 또 숍 빠 이 데 스

너무 달아요.

あますぎます。

아 마 스 기 마 스

그저 그렇네요.

まあまあです。

마 - 마 - 데 스

배가 불러요.

お腹(なか)いっぱいです。

오 나 까 입 빠 이 데 스

잘 먹었습니다.

ごちそうさまでした。

고 찌 소 - 사 마 데 시 따

DAY 082

초밥 가게에서

MP3를 같이 들어보세요

한국어	일본어	한국어	일본어
간장	しょうゆ 醤油 쇼-유	고추냉이	わさび 와사비
고추냉이를 뺌	さびぬき 사비누끼	된장국	みそしる 味噌汁 미소시루
초밥과 같이 먹는 초생강	がり 가리	주방장 특선	まか お任せ 오마까세

카운터 자리에 앉아도 되나요?

せき　すわ
カウンター席に座ってもいいですか。
카 운 따 - 세 끼 니 스 왓 떼 모 이 - 데 스 까

장어 한 접시 주세요.

ひとさら
うなぎ、一皿ください。
우 나 기 히또사라 쿠 다 사 이

된장국 하나 더 주세요.

み　そ しる
味噌汁、おかわりください。
미 소 시 루 오 카 와 리 쿠 다 사 이

초생강을 좀 더 주세요.

ねが
がりをもうちょっとお願いします。
가 리 오 모 - 쫏 또 오 네 가 이 시 마 스

고추냉이 더 주세요.

ねが
わさび、もうちょっとお願いします。
와 사 비 모 - 쫏 도 오 네 가 이 시 마 스

고추냉이 빼고 주세요.

ねが
さびぬきでお願いします。
사 비 누 끼 데 오 네 가 이 시 마 스

주방장 특선 코스로 주세요.

まか
お任せコースにします。
오 마 까 세 코 - 스 니 시 마 스

초밥 메뉴판

マグロ 참치
마 구 로

ブリ 방어
부 리

タイ 도미
타 이

ヒラメ 광어
히 라 메

アナゴ 붕장어
아 나 고

ウナギ 장어
우 나 기

サケ 연어
사 께

いくら 연어알
이 꾸 라

ウニ 성게
우 니

エビ 새우
에 비

ホタテガイ 가리비
호 따 떼 가 이

アカガイ 피조개
아 까 가 이

イカ 오징어
이 까

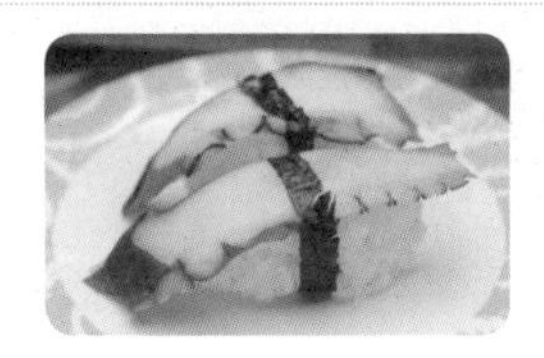

タコ 문어
타 꼬

いなり 유부초밥
이 나 리

タマゴ 계란(초밥)
타 마 고

DAY 083

패밀리레스토랑에서

MP3를 같이 들어보세요

<table>
<tr><td>케첩</td><td>ケチャップ
케챱뿌</td><td>소스</td><td>ソース
소-스</td></tr>
<tr><td>모닝 세트</td><td>モーニングセット
모-닝구셋또</td><td>점심 세트</td><td>日替(ひが)わりランチ
히가와리란찌</td></tr>
<tr><td>음료</td><td>飲(の)み物(もの)
노미모노</td><td>무료 리필</td><td>おかわり自由(じゆう)
오카와리 지유-</td></tr>
</table>

무엇을 드시겠어요?

なに
何になさいますか。
나 니 니 나 사 이 마 스 까

모닝 세트 주세요.

ねが
モーニングセット、お願いします。
모 - 닝 구 셋 또 오 네 가 이 시 마 스

점심 세트 주세요.

ひ が
日替わりランチください。
히 가 와 리 란 찌 쿠 다 사 이

케첩 좀 주세요.

ケチャップをください。
케 챱 뿌 오 쿠 다 사 이

이 소스를 좀 더 주세요.

このソースをもっとください。
코 노 소 - 스 오 못 또 쿠 다 사 이

커피는 무료로 리필돼요?

じ ゆう
コーヒーはおかわり自由ですか。
코 - 히 - 와 오 카 와 리 지 유 - 데 스 까

햄버거	ハンバーガー 함바-가-	콜라	コーラ 코-라
얼음	氷(こおり) 코-리	감자튀김	ポテト 포떼또
피클	ピクルス 피꾸루스	가지고 감	持(も)ち帰(かえ)り 모찌카에리

치즈버거 세트를 두 개 주세요.

チーズバーガーセットをふたつください。

치-즈바-가-셋또오 후따쯔 쿠다사이

피클은 빼 주세요.

ぬ

ピクルスは抜いてください。

피꾸루스와 누이떼 쿠다사이

콜라에 얼음을 넣지 말아 주세요.

こおり い

コーラに氷を入れないでください。

코-라니 코-리오 이레나이데 쿠다사이

감자튀김 라지 사이즈로 주세요.

エル

ポテト、Lサイズください。

포떼또 에르사이즈 쿠다사이

여기서 드실 건가요?

め あ

こちらでお召し上がりですか。

코찌라데 오메시아가리데스까

포장이신가요?

も かえ

お持ち帰りですか。

오모찌카에리데스까

빨대와 냅킨은 어디에 있어요?

かみ

ストローと紙ナプキンは、どこにありますか。

스또로-또 카미나뿌낑와 도꼬니 아리마스까

뜨거운, 핫	ホット 홋또	차가운, 아이스	アイス 아이스
커피	コーヒー 코-히-	휘핑크림	ホイップクリーム 호입뿌크리-므
테이크아웃	テイクアウト 테이끄아우또		

아이스커피 하나 주세요.

アイスコーヒー、ひとつください。

아 이 스 코 - 히 -　　히 또 쯔　　쿠 다 사 이

사이즈는 어떻게 드릴까요?

サイズはどれになさいますか。

사 이 즈 와　　도 레 니　　나 사 이 마 스 까

따뜻한 아메리카노 스몰 사이즈 하나 주세요.

エス

ホットコーヒーのSをひとつください。

홋 또 코 - 히 - 노　　에 스 오　히 또 쯔　　쿠 다 사 이

커피는 연한 커피로 주세요.

うす　ねが

コーヒーは薄めでお願いします。

코 - 히 - 와　　우 스 메 데　오 네 가 이 시 마 스

휘핑크림은 빼 주세요.

の

ホイップクリームは乗せないでください。

호 입 뿌 크 리 - 므 와　　노 세 나 이 데　　쿠 다 사 이

케이크가 남았는데 테이크아웃 되나요?

のこ

残りのケーキ、テイクアウトできますか。

노 꼬 리 노　케 - 끼　　테 이 끄 아 우 또　　데 끼 마 스 까

생맥주	なま 生ビール 나마비-루	일본 술, 사케	にほんしゅ 日本酒 니혼슈
차게 마시는 사케	ひや 히야	데운 사케	あつかん 아쯔깡
소주	しょうちゅう 焼酎 쇼-츄-	안주	おつまみ 오쯔마미

일본 술 세 잔 주세요.

にほんしゅ　さんばい
日本酒を3杯ください。
니혼슈오　삼바이 쿠다사이

데운 사케 주세요.

あつかんください。
아쯔깡　쿠다사이

진로(한국 소주) 있어요?

ジンロ、ありますか。
진로　아리마스까

건배.

かんぱい
乾杯。
캄빠이

원샷.

いっき
一気。
익끼

얼음물 좀 주세요.

こおり　はい　みず
氷の入った水をください。
코-리노 하잇따　미즈오　쿠다사이

우선 이거 먼저 주세요.

とりあえず、これで。
토리아에즈　코레데

이자카야 메뉴판

えだまめ
枝豆 에다마메
에 다 마 메

たこわさび 타코와사비
타 꼬 와 사 비

や　とり
焼き鳥 꼬치구이, 닭꼬치
야 끼 토 리

て ば さき
手羽先 닭날개 구이
테 바 사 끼

こ もち
子持ししゃも 열빙어 구이
코 모 찌 시 샤 모

つけもの
漬物 절임 반찬
쯔 께 모 노

す
もずく酢 모즈쿠스
모 즈 꾸 스

カルパッチョ 카르파치오
카 르 팟 쵸

カニクリームコロッケ 게살크림고로케
카니크리-무코롯께

マグロのたたき 참치 다다끼
마구로노타따끼

ねぎま串(くし) 네기마쿠시
네기마쿠시

豚(ぶた)キムチ 돼지고기 김치 볶음
부따키무치

焼(や)き餃子(ぎょうざ) 야키교자
야끼교-자

唐揚(からあ)げ 가라아게
카라아게

揚(あ)げ出(だ)し豆腐(とうふ) 두부 튀김 조림
아게다시 토-후

コーンバター 콘 버터구이
콘바따-

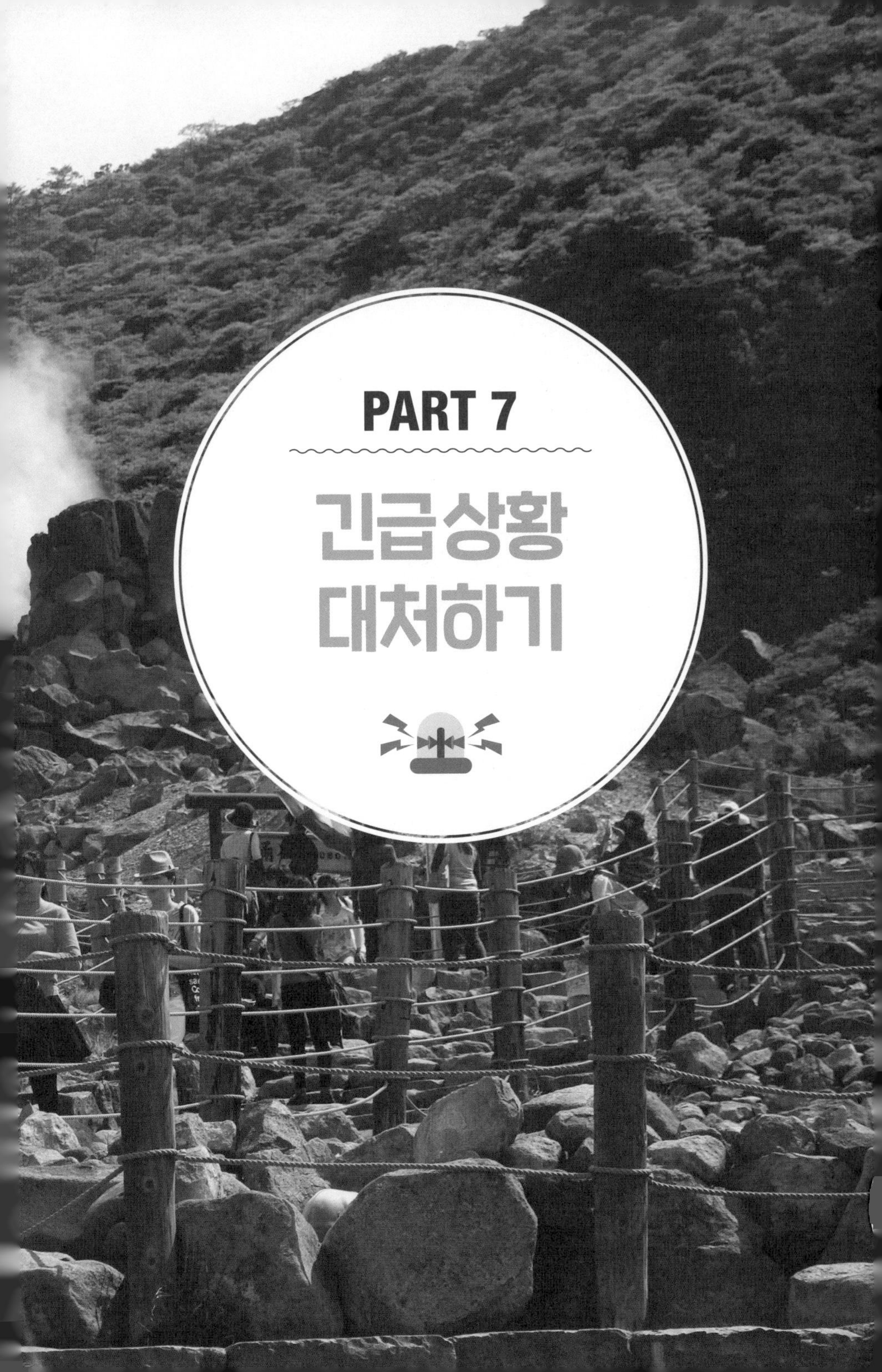
PART 7
긴급상황
대처하기

일본어	にほんご 日本語 니홍고	못해요	できません 데끼마셍
전혀	ぜんぜん 젠젠	조금만	すこ 少しだけ 스꼬시다께
한 번 더	いちど もう一度 모-이찌도	통역	つうやく 通訳 쯔-야꾸

일본어는 전혀 못해요.

にほんご
日本語はぜんぜんできません。
니홍고와 젠젠 데끼마셍

일본어는 잘 못해요.

にほんご
日本語はあまりできないんです。
니홍고와 아마리 데끼나인데스

일본어는 조금만 할 줄 알아요.

にほんご すこ
日本語は少しだけわかります。
니홍고와 스꼬시다께 와까리마스

천천히 말씀해 주세요.

はな
ゆっくり話してください。
윳꾸리 하나시떼 쿠다사이

다시 한 번 말씀해 주세요.

いちど ねが
もう一度お願いします。
모-이찌도 오네가이시마스

모르겠어요.

わかりません。
와까리마셍

써 주세요.

か
書いてください。
카이떼 쿠다사이

DAY 088

교통사고가 났을 때

MP3를 같이 들어보세요

경찰	けいさつ 警察 케-사쯔	구급차	きゅうきゅうしゃ 救急車 큐-뀨-샤
견인차	しゃ レッカー車 렉까-샤	교통사고	こうつうじこ 交通事故 코-쯔-지꼬
추돌	ついとつ 追突 쯔이또쯔	연락	れんらく 連絡 렌라꾸

경찰을 불러 주세요.

けいさつ　よ
警察を呼んでください。
케-사쯔오 욘데 쿠다사이

구급차를 불러 주세요.

きゅうきゅうしゃ　よ
救急車を呼んでください。
큐-뀨-샤오 욘데 쿠다사이

교통사고를 당했어요.

こうつうじこ
交通事故にあいました。
코-쯔-지꼬니 아이마시따

다시 한 번 설명해 주세요.

いちど　せつめい
もう一度説明してください。
모-이찌도 세쯔메-시떼 쿠다사이

뒤차가 제 차를 박았어요.

うし　くるま　ついとつ
後ろの車に追突されました。
우시로노 쿠루마니 쯔이또쯔사레마시따

차가 고장 났어요.

くるま　こしょう
車が故障しました。
쿠루마가 코쇼-시마시따

견인차를 불러 주세요.

しゃ　よ
レッカー車を呼んでください。
렉까-샤오 욘데 쿠다사이

위험하다	危(あぶ)ない 아부나이	도와주다	助(たす)ける 타스께루
긴급	緊急(きんきゅう) 킹뀨-	미아	迷子(まいご) 마이고
지진	地震(じしん) 지신	부상	けが 케가

도와주세요!

たす
助けて！
타 스 께 떼

위험해요!

あぶ
危ない！
아 부 나 이

조심해요!

き
気をつけて！
키 오 쯔 께 떼

도둑이야! 잡아라!

どろぼう　つか
泥棒！ 捕まえて！
도 로 보 - 쯔 까 마 에 떼

급해요!

きんきゅう
緊急です！
킹 뀨 - 데 스

아이를 잃어버렸어요.

こども　まいご
子供が迷子になってしまいました。
코 도 모 가 마 이 고 니 낫 떼 시 마 이 마 시 따

찾으면 여기로 연락해 주세요.

み　れんらく
見つかったら、ここに連絡してください。
미 쯔 깟 따 라 코 꼬 니 렌 라 꾸 시 떼 쿠 다 사 이

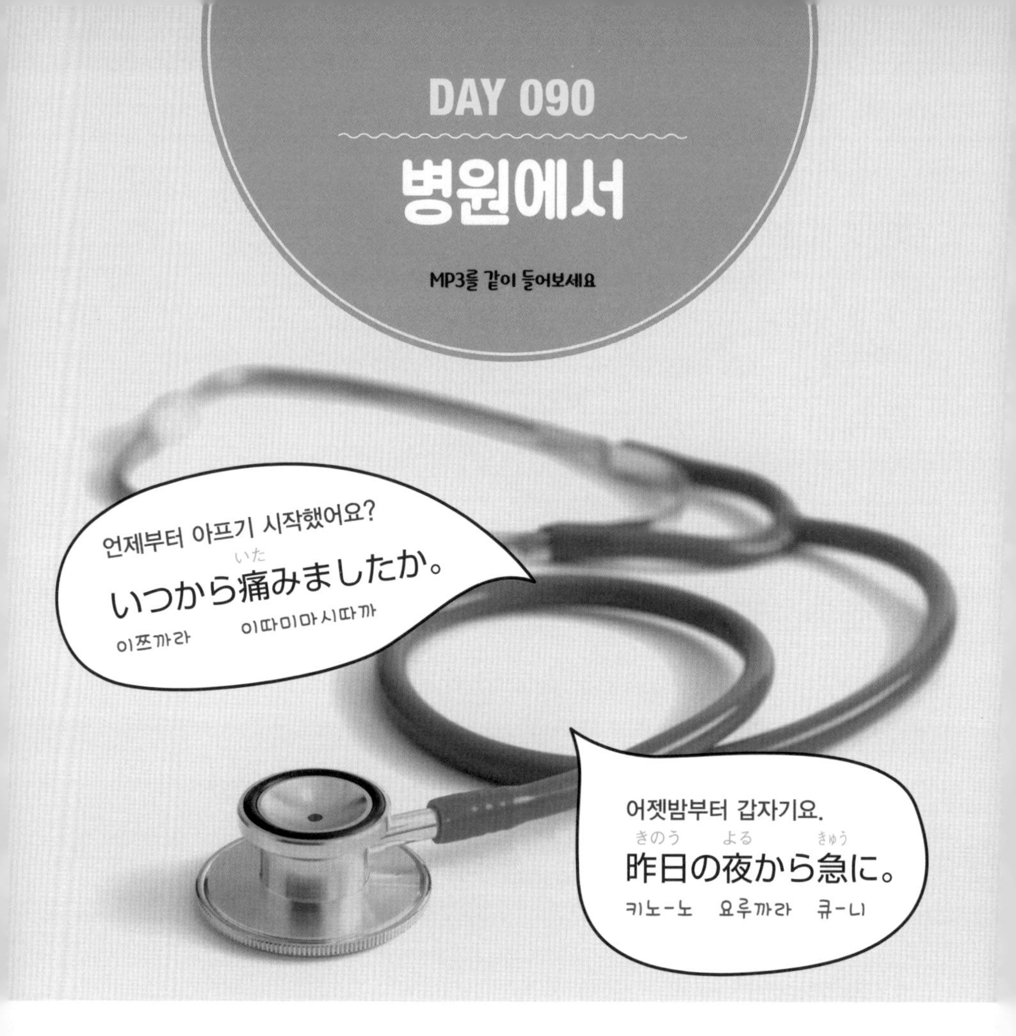

몸이 안 좋다	ぐあい わる 具合が悪い 구아이가 와루이	아프다	いた 痛い 이따이
통증	いた 痛み 이따미	주사를 놓다	ちゅうしゃ 注射をうつ 츄-샤오 우쯔
엑스레이	レントゲン 렌또겐	진단서	しんだんしょ 診断書 신단쇼

여기에 누우세요.

ここに横(よこ)になってください。

코꼬니 요꼬니 낫떼 쿠다사이

입을 벌리세요.

口(くち)を開(あ)けてください。

쿠찌오 아께떼 쿠다사이

주사를 놓겠습니다.

注射(ちゅうしゃ)をうちます。

츄-샤오 우찌마스

엑스레이를 찍어 봅시다.

レントゲンをとりましょう。

렌또겡오 토리마쇼-

한국어를 할 수 있는 사람이 있나요?

韓国語(かんこくご)のできる人(ひと)はいますか。

캉꼬꾸고노 데끼루 히또와 이마스까

해외여행자 보험에 들었습니다.

海外旅行者保険(かいがいりょこうしゃほけん)に入(はい)っています。

카이가이료꼬-샤 호껜니 하잇떼 이마스

진단서를 끊어 주세요.

診断書(しんだんしょ)をください。

신단쇼오 쿠다사이

DAY 091

아픈 증상 말하기

MP3를 같이 들어보세요

감기에 걸리다	かぜ ひ 風邪を引く 카제오 히꾸	구역질	は け 吐き気 하끼케
두통	ずつう 頭痛 즈쯔-	열	ねつ 熱 네쯔
설사	げり 게리	염좌, 관절을 삠	ねんざ 넨자

감기에 걸린 것 같아요.

風邪(かぜ)を引(ひ)いたようです。

카 제 오 히 이 따 요 - 데 스

토할 것 같아요.

吐(は)き気(け)がします。

하 끼 케 가 시 마 스

열이 납니다.

熱(ねつ)があります。

네 쯔 가 아 리 마 스

어지러워요.

めまいがします。

메 마 이 가 시 마 스

손가락을 비었어요.

指(ゆび)を切(き)りました。

유 비 오 키 리 마 시 따

설사를 합니다.

げりをしています。

게 리 오 시 떼 이 마 스

발을 삐었어요.

足(あし)をねんざしました。

아 시 오 넨 자 시 마 시 따

한국어	일본어	한국어	일본어
머리	あたま 頭 아따마	눈	め 目 메
목(목구멍)	のど 喉 노도	배	なか お腹 오나까
허리	こし 腰 코시	다리	あし 脚 아시

배가 많이 아픕니다.

お腹(なか)がとても痛(いた)いです。

오 나 까 가 토 떼 모 이 따 이 데 스

머리가 너무 아파요.

頭(あたま)がすごく痛(いた)いです。

아따마가 스 고 꾸 이 따 이 데 스

허리가 아파 죽겠어요.

腰(こし)が痛(いた)くてつらいです。

코 시 가 이 따 꾸 떼 쯔 라 이 데 스

아파서 참을 수가 없어요.

痛(いた)くて耐(た)えられません。

이 따 꾸 떼 타 에 라 레 마 셍

Tip

주요 신체 부위

얼굴	顔(かお) [카오]	가슴	胸(むね) [무네]
코	鼻(はな) [하나]	등	背中(せなか) [세나까]
귀	耳(みみ) [미미]	팔	腕(うで) [우데]
입	口(くち) [쿠찌]	손	手(て) [테]
입술	唇(くちびる) [쿠찌비루]	손가락	指(ゆび) [유비]
혀	舌(した) [시따]	발가락	足指(あしゆび) [아시유비]
이	歯(は) [하]	엉덩이	お尻(しり) [오시리]
목	首(くび) [쿠비]	무릎	膝(ひざ) [히자]
어깨	肩(かた) [카따]	발	足(あし) [아시]

DAY 093

약국에서

MP3를 같이 들어보세요

처방전	しょほうせん 処方箋 쇼호-센	식후에	しょくご 食後に 쇼꾸고니
30분 이내	さんじゅっぷん いない 30分以内 산쥽뿐 이나이	1알씩	いちじょう 1錠ずつ 이찌죠-즈쯔
하루 세 번	いちにちさんかい 1日3回 이찌니찌 상까이	복용	ふくよう 服用 후꾸요-

처방전 가져오셨나요?

しょほうせん　　も

処方箋は持っていますか。

쇼 호 - 센 와　못 떼　　이 마 스 까

3일치 약입니다.

みっか かん　くすり

３日間の薬になります。

믹 까 깐 노　　쿠스리니 나 리 마 스

하루 세 번 식후에 복용하세요.

いちにちさんかい　しょく ご　ふくよう

１日３回、食後に服用してください。

이찌니찌 상 까 이　쇼 꾸 고 니　후 꾸 요 - 시 떼　쿠 다 사 이

한 번에 한 알씩 먹나요?

いっかい　いちじょう　　の

１回に１錠ずつ飲みますか。

익 까 이 니　이 찌 죠 - 즈 쯔　노 미 마 스 까

Tip

약국에서 자주 쓰이는 단어

두통	頭痛(ずつう) [즈쯔-]
체함	胃(い)もたれ [이모따레]
식중독	食(しょく)あたり [쇼꾸아따리]
생리통	生理痛(せいりつう) [세-리쯔-]
열	熱(ねつ) [네쯔]
설사	げり [게리]
벌레 물림	虫刺(むしさ)され [무시사사레]

분실	紛失 (ふんしつ) 훈시쯔	신고	届 (とどけ) 토도께
경찰서	警察署 (けいさつしょ) 케-사쯔쇼	잃어버리다	なくす 나꾸스
없어지다	なくなる 나꾸나루		

여권을 잃어버렸어요.

パスポートをなくしました。

파스뽀-또오 나꾸시마시따

지갑을 잃어버렸어요.

さいふ
財布をなくしてしまいました。

사이후오 나꾸시떼 시마이마시따

방에 둔 현금이 없어졌어요.

へや お げんきん
部屋に置いてあった現金がなくなりました。

헤야니 오이떼 앗따 겡낑가 나꾸나리마시따

가방을 택시에 두고 내렸어요.

お わす
かばんをタクシーに置き忘れました。

카방오 탁시-니 오끼와스레마시따

여기에 가방 없었어요?

ここにかばんがありませんでしたか。

코꼬니 카방가 아리마셍데시따까

경찰서가 어디죠?

けいさつしょ
警察署はどこですか。

케-사쯔쇼와 도꼬데스까

한국어	일본어	한국어	일본어
지갑	財布(さいふ) 사이후	휴대폰	ケイタイ 케-따이
가방	かばん 카방	카메라	カメラ 카메라
여권	パスポート 파스뽀-또	한국대사관	韓国大使館(かんこくたいしかん) 캉꼬꾸타이시깐

어떤 가방입니까?

どんなかばんですか。

돈나 카반데스까

갈색 가죽 가방이에요.

ちゃいろ かわ
茶色の革のかばんです。

챠이로노 카와노 카반데스

가방 안에 무엇이 들어 있었습니까?

なか なに はい
かばんの中に何が入っていましたか。

카반노 나까니 나니가 하잇떼 이마시따까

지갑, 카메라, 여권이 들어 있었어요.

さいふ はい
財布とカメラとパスポートが入っていました。

사이후또 카메라또 파스뽀-또가 하잇떼 이마시따

찾으셨습니까?

み
見つかりましたか。

미쯔까리마시따까

한국대사관의 전화번호를 알려 주세요.

かんこくたいしかん でんわばんごう おし
韓国大使館の電話番号を教えてください。

캉꼬꾸타이시깐노 뎅와방고-오 오시에떼 쿠다사이

한국대사관에 전화해 주세요.

かんこくたいしかん でんわ
韓国大使館に電話してください。

캉꼬꾸타이시깐니 뎅와시떼 쿠다사이

DAY 096

도난당했을 때

MP3를 같이 들어보세요

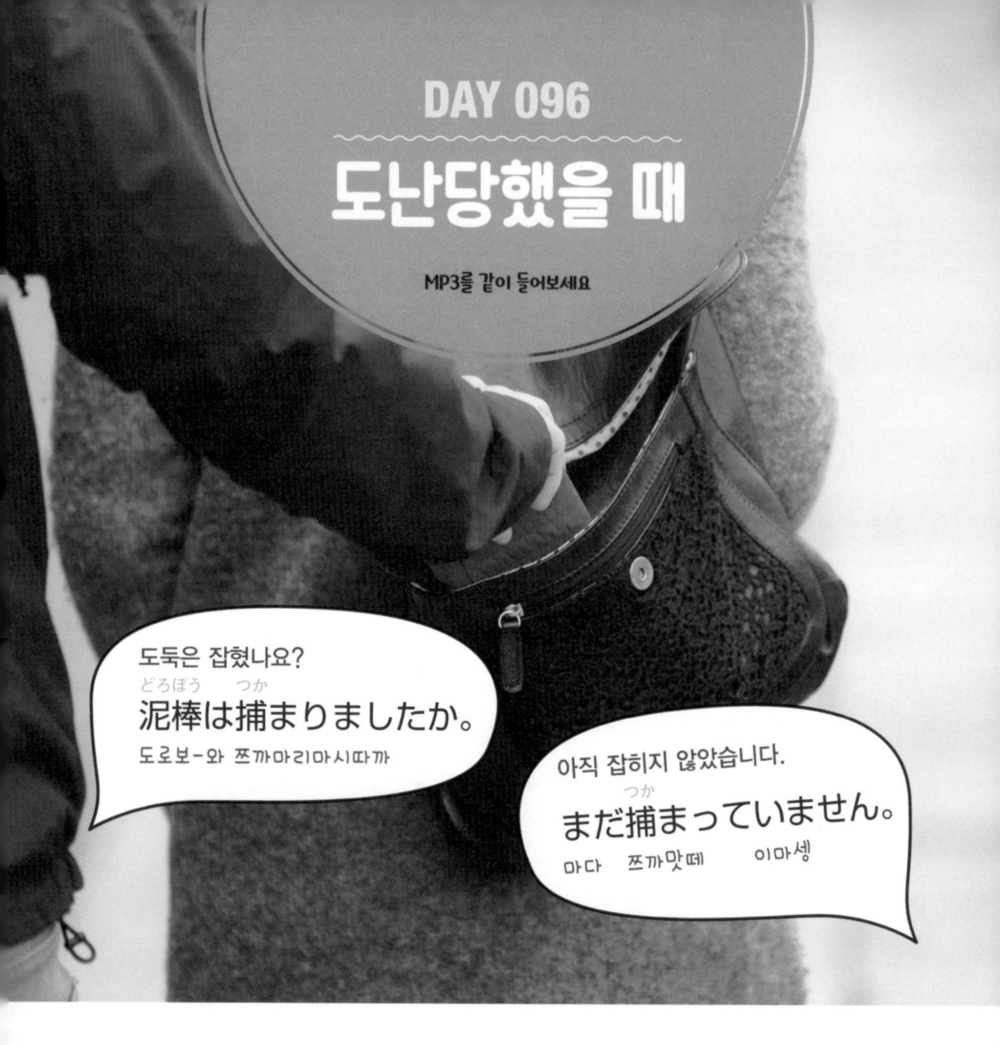

한국어	일본어	한국어	일본어
도둑	泥棒(どろぼう) 도로보-	도난당하다	盗(ぬす)まれる 누스마레루
소매치기	すり 스리	소매치기당하다	すられる 스라레루
재발급	再発行(さいはっこう) 사이학꼬-	찾다, 발견하다	見(み)つかる 미쯔까루

핸드폰을 도난당했어요.

ぬす
ケータイを盗まれました。
케 - 따 이 오 누 스 마 레 마 시 따

전철 안에서 지갑을 소매치기 당했어요.

でんしゃ なか さい ふ
電車の中で、財布をすられました。
덴 샤 노 나 까 데 사 이 후 오 스 라 레 마 시 따

여권을 재발급 받는 데 며칠 걸리나요?

さいはっこう なんにち
パスポートの再発行までに、何日かかりますか。
파 스 뽀 - 또 노 사 이 핫 꼬 - 마 데 니 난 니 찌 카 까 리 마 스 까

이 용지에 기입해 주세요.

ようし きにゅう
この用紙に記入してください。
코 노 요 - 시 니 키 뉴 - 시 떼 쿠 다 사 이

찾으면 연락드리겠습니다.

み れんらく
見つかったら連絡します。
미 쯔 깟 따 라 렌 라 꾸 시 마 스

PART 8

인연 만들기

DAY 097

첫인사와 자기소개

MP3를 같이 들어보세요

일본은 이번이 처음이에요?

にほん　はじ
日本は初めてですか。
니홍와　하지메떼데스까

아니요, 두 번째예요.

にかいめ
いいえ、二回目です。
이-에　니까이메데스

처음 뵙겠습니다	はじ 初めまして 하지메마시떼	일, 업무	しごと 仕事 시고또
한국	かんこく 韓国 캉꼬꾸	학생	がくせい 学生 각세-
회사원	かいしゃいん 会社員 카이샤잉	주부	しゅふ 主婦 슈후

처음 뵙겠습니다.

はじ
初めまして。
하 지 메 마 시 떼

성함이 어떻게 되세요?

なまえ　なん
お名前は何ですか。
오 나 마 에 와　난 데 스 까

어디에서 오셨어요?

き
どちらから来ましたか。
도 찌 라 까 라　키 마 시 따 까

한국에서 왔어요.

かんこく　き
韓国から来ました。
캉 꼬 꾸 까 라　키 마 시 따

서울	ソウル [소우루]	경기도	キョンギド [쿈기도]
인천	インチョン [인촌]	부산	プサン [푸산]
대구	テグ [테구]	대전	テジョン [테죤]
울산	ウルサン [우르산]	제주도	チェジュド [체쥬도]

일본에는 업무상 오셨어요?

に ほん　し ごと　き
日本には仕事で来ましたか。
니 혼 니 와　시 고 또 데　키 마 시 따 까

여행 왔어요.

りょこう　き
旅行に来ました。
료 꼬 - 니　키 마 시 따

놀러 왔어요.

あそ　き
遊びに来ました。
아 소 비 니　키 마 시 따

출장 왔어요.

しゅっちょう　き
出張で来ました。
슛쵸-데 키마시따

일본에 자주 와요.

にほん　き
日本によく来ます。
니혼니 요꾸 키마스

어떤 일을 하고 계세요?

しごと　なん
お仕事は何ですか。
오시고또와 난데스까

회사원이에요.

かいしゃいん
会社員です。
카이샤잉데스

Tip

프리랜서	フリーランサー	[후리-란사-]
선생님	先生(せんせい)	[센세-]
공무원	公務員(こうむいん)	[코-무잉]
작가	作家(さっか)	[삭까]
은행원	銀行員(ぎんこういん)	[깅꼬-잉]
디자이너	デザイナー	[데자이나-]

학생이에요.

がくせい
学生です。
각세-데스

주부예요.

しゅふ
主婦です。
슈후데스

DAY 098

칭찬하기

MP3를 같이 들어보세요

멋있다	かっこいい 칵꼬이-	예쁨	きれい 키레-
귀엽다	かわいい 카와이-	대단하다	すごい 스고이
잘생김	ハンサム 한사무	재미있다	おもしろい 오모시로이

(남자에게) 멋있어요.

かっこいいですね。

칵 꼬 이 - 데 스 네

(여자에게) 예뻐요.

きれいですね。

키 레 - 데 스 네

귀여워요.

かわいいですね。

카 와 이 - 데 스 네

훌륭하시네요.

すばらしいです。

스 바 라 시 - 데 스

대단해요.

すごいです。

스 고 이 데 스

재미있어요.

おもしろいです。

오 모 시 로 이 데 스

옷이 정말로 잘 어울리네요.

服(ふく)がよく似合(にあ)っていますね。

후 꾸 가 요 꾸 니 앗 떼 이 마 스 네

한국어	일본어	한국어	일본어
나이	とし 年 토시	~살	さい ～歳 사이
취미	しゅ み 趣味 슈미	영화 감상	えい が かんしょう 映画鑑賞 에-가칸쇼-
드라마	ドラマ 도라마	음악	おんがく 音楽 옹가꾸

나이는 묻지 마세요.

年(とし)は聞(き)かないでください。

토시와 키까나이데 쿠다사이

한국 드라마를 보신 적 있어요?

韓国(かんこく)のドラマを見(み)たことがありますか。

캉꼬꾸노 도라마오 미따 코또가 아리마스까

네, 일본에서도 인기가 있어요.

はい、日本(にほん)でも人気(にんき)があります。

하이 니혼데모 닌끼가 아리마스

일본 노래를 좋아해요.

日本(にほん)の歌(うた)が好(す)きです。

니혼노 우따가 스끼데스

Tip

애니메이션	アニメ [아니메]
만화	マンガ [망가]
게임	ゲーム [게-무]
소설	小説(しょうせつ) [쇼-세쯔]
연예인	芸能人(げいのうじん) [게-노-징]

일본에는 언제까지 있나요?

日本(にほん)にはいつまでいるんですか。

니혼니와 이쯔마데 이룬데스까

이번 토요일에 돌아가요.

今週(こんしゅう)の土曜日(どようび)に帰(かえ)ります。

콘슈-노 도요-비니 카에리마스

명함	めいし 名刺 메-시	이메일	イー Eメール 이-메-루
전화번호	でんわばんごう 電話番号 뎅와방고-	연락처	れんらくさき 連絡先 렌라꾸사끼
트위터	ツイッター 쯔잇따-	페이스북	フェイスブック 훼이스북꾸

친구가 되고 싶어요.

ともだち
友達になりたいです。
토모다찌니 나리따이데스

한국에 꼭 놀러 오세요.

かんこく　あそ　き
韓国に、ぜひ遊びに来てください。
캉꼬꾸니 제히 아소비니 키떼 쿠다사이

한국 오시면 저한테 연락 주세요.

かんこく　き　わたし　れんらく
韓国に来たら、私に連絡してください。
캉꼬꾸니 키따라 와따시니 렌라꾸시떼 쿠다사이

연락합시다.

れんらく
連絡しましょう。
렌라꾸시마쇼-

메일 주소를 적어 주세요.

か
メールアドレスを書いてください。
메-루아도레스오 카이떼 쿠다사이

한국에 도착하면 연락할게요.

かんこく　つ　れんらく
韓国に着いたら連絡します。
캉꼬꾸니 쯔이따라 렌라꾸시마스

이메일 보낼게요.

イー　おく
Eメールを送ります。
이-메-루오 오꾸리마스